LE DOYEN

NICOLAS GUYOT

JURISCONSULTE LORRAIN

PAR

Alfred JACQUINOT

DOCTEUR EN DROIT, ANCIEN MAGISTRAT

AVEC UNE EAU-FORTE DE GAITET

DIJON

IMPRIMERIE EUGÈNE JOBARD

1886

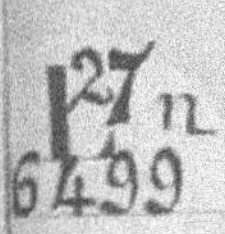

LE

DOYEN NICOLAS GUYOT

Lm 27
36499

LE DOYEN

NICOLAS GUYOT

JURISCONSULTE LORRAIN

AVEC

NOTES ET PIÈCES JUSTIFICATIVES

PAR

Alfred JACQUINOT

DOCTEUR EN DROIT, ANCIEN MAGISTRAT

Eau-forte par Gaitet.

DIJON

IMPRIMERIE EUGÈNE JOBARD

1885

DOYEN NICOLAS GUYOT

JURISCONSULTE LORRAIN

« Mon fils, je vais entrer dans la voie de toute chair. Aimez et craignez Dieu sur toutes choses. Maintenez la concorde entre vos frères et les princes de votre maison. Rappelez-vous qu'un souverain doit l'être dans sa famille, comme dans ses Etats. Conservez la paix avec vos voisins. Je vous laisse un Etat tranquille et vous recommande surtout mon pauvre peuple. » Telles étaient les dernières paroles que Charles III, duc de Lorraine, adressait à son fils Henri.

D'une race qui remontait à Gérard d'Alsace et devait conserver le pouvoir sept cents ans en Lorraine, Charles avait été élevé à la cour de France et stimulé par l'exemple de l'ascendant qu'y avaient pris les princes de sa maison. Souvent il y avait rencontré le chancelier de L'Hôpital, dont l'esprit élevé, libéral, avait fait sur lui une impression heureuse et durable. Encore enfant, il avait su s'attirer l'intérêt du roi Henri II, qui, de bonne heure, lui avait destiné la princesse Claude sa fille.

Quand son âge lui permit de gouverner par lui-même, les qualités qui l'avaient fait distinguer jusque-là, loin de disparaître, s'étaient au contraire développées, et ce prince froid, toujours maître de lui, animé de sentiments pieux, s'efforçant toujours de faire le bien, devait, à côté de quelques fautes, et nul homme ne saurait les éviter toutes ! faire de grandes choses pendant le demi-siècle qu'il porta la couronne.

Charles sentait la lourde responsabilité qui pèse sur le chef d'un Etat, et il ne voulait point rester au-dessous de sa mission. Il travailla avec une bien louable et bien rare opiniâtreté à apporter des réformes utiles à toutes les branches de l'administration, et à donner des encouragements sérieux, bien dirigés, au commerce et aux arts. Il sut aussi ménager la fortune de ses sujets, en mettant, d'accord avec eux, de l'ordre dans les finances.

Quelques-uns de ses prédécesseurs avaient déjà compris l'utilité que devait présenter la rédaction des *Coutumes* en donnant une base sérieuse au règlement des intérêts. René II et Antoine avaient fait rédiger par les Etats, c'est-à-dire par le Clergé, la Noblesse et le Tiers-Etat, en 1506, 1507, 1519, les *Coutumes* des bailliages de Bar, de Saint-Mihiel et du duché de Lorraine. Mais une œuvre aussi difficile laissait nécessairement à désirer sous bien des rapports ; aussi Charles III voulut-il qu'elles fussent révisées. De là les *Coutumes* de 1579, 1598, 1594.

En 1580, il avait homologué la *Coutume générale* du bailliage du Bassigny, et un quart de siècle plus tard, un *style judiciaire* à suivre dans ce même bailliage.

Mais tous ces efforts n'auraient pas donné les résultats espérés si le souverain n'eût en même temps veillé à ce que l'instruction fût plus répandue en Lorraine et que la jeunesse pût s'y livrer à de hautes études.

En prenant avec son oncle le Cardinal de Lorraine la résolution de fonder une Université dans ses Etats, Charles cédait aussi à des considérations religieuses. Les doctrines de Calvin faisaient en France de rapides progrès et trouvaient des adhérents à l'Université de Paris, si dévouée comme corps à la religion catholique.

La jeunesse de la Lorraine qui se rendait en France était donc fort exposée à accepter les opinions nouvelles. Cette situation touchait vivement les princes lorrains. L'ordre des Jésuites, fondé depuis plus de trente années, était déjà puissant. S'il devenait maître d'une Université dans un pays voisin de la France, il dissiperait par la science et l'étude l'ignorance des clercs et des laïques, opposerait la vérité à l'erreur, propagerait et affirmerait la doctrine catholique, enfin ferait briller la lumière aux yeux de tous. Les Jésuites désiraient donc s'entendre avec le Cardinal. Celui-ci alla à Rome conférer avec le général de l'ordre ; et le pape Grégoire XIII, qui n'avait pas toujours été favorable aux Jésuites, consacra pour la première fois la prééminence de la compagnie et édicta la bulle de fondation de l'Université de Lorraine (1572), faisant en cela un acte solennel de son antique et plénière autorité que les rois et les parlements commençaient à méconnaître (1).

Une grande ville ne convenait guère pour un établissement dirigé par des religieux ; l'Université ne pouvait donc être placée à Nancy. Mais à peu de distance de la capitale, une petite ville paisible, située sur les bords d'une belle rivière, dans un paysage délicieux, fixa l'attention du duc : c'était Pont-à-Mousson.

Les Facultés des arts et de théologie furent inaugurées dans une maison dite le *Château d'Amour* et définitivement installées dans l'ancienne commanderie de Saint-Antoine, sur la rive droite de la Moselle. Une grande marque de confiance fut donnée aux Jésuites par le souverain, qui les chargeait de l'éducation de son fils Charles ; ce jeune prince fut le premier immatriculé sur la liste des élèves et prit l'habit et la cape d'écolier pensionnaire. Bientôt on vit arriver des jeunes gens appartenant à la plus haute noblesse même de France, d'Allemagne et d'Ecosse. Quelques années plus tard, la ville dans laquelle affluaient les familles dont

---

(1) Mémoires lus par Maggiolo à la Sorbonne.

les enfants devaient suivre les cours, avait acquis une grande importance, et le nombre des élèves était si considérable qu'un arrêt du Parlement de Paris (23 mars 1603) enjoignait à tous les Français qui étudiaient à Pont-à-Mousson et à Douai d'avoir à en sortir et à rentrer en France.

L'Université devait comprendre, outre les Facultés des arts et de théologie dont les Jésuites se réservaient tous les cours, une Faculté de droit et une Faculté de médecine.

La Faculté de médecine ne fut constituée qu'en 1598.

Quant à la Faculté de droit, elle se forma peu à peu et pour ainsi dire d'elle-même.

L'Université avait à sa tête un Recteur; le Cardinal avait, en vertu des pouvoirs que lui donnait la bulle, conféré cette dignité au P. Hay, d'origine écossaise. Ce religieux avait pris l'habitude de donner aux élèves quelques explications sur le droit civil et le droit canon. Bientôt son neveu Guillaume Barclay, encore jeune, vint de Bourges, où il avait été récemment reçu docteur en droit, chercher un asile à l'établissement de Pont-à-Mousson. A la demande du P. Hay, il fit un cours de droit dans l'intérieur même du Collège. En 1577, Charles le nomma professeur avec 1,200 francs de gages. L'année suivante le fameux Cujas fut sur le point d'accepter les offres du duc de Lorraine, qui comprenait l'utilité d'avoir un jurisconsulte de grand talent et de grand renom pour organiser l'enseignement du droit et attirer de nombreux élèves.

Barclay choisit cet instant pour quitter le Collège des Jésuites et s'installer chez lui dans la paroisse Saint-Jean, sur la rive gauche de la Moselle. Seul professeur, il était évidemment tenu à un travail très pénible et avait besoin d'un collègue. En 1580, François Lestrées fut nommé *Institutaire*, c'est-à-dire chargé d'expliquer les *Institutes* de Justinien. Ce cours se faisait dans la maison même de Barclay (1).

---

(1) En 1581, G. Barclay épousa Anne de Malavillers, héritière d'une noble famille du pays, qui lui donna un fils, Jean Barclay.

Ces timides débuts appelaient une organisation sérieuse ; le prince continuait à le sentir. Les Jésuites ne manquaient point cependant de se rendre compte des difficultés que susciterait nécessairement l'arrivée de professeurs étrangers à leur ordre. Le jeune Barclay était parent du Recteur ; d'autre part Lestrées était prêtre ; la paix n'avait pas pu être troublée jusque-là au sein de l'Université ; mais si les projets du duc se réalisaient, elle cesserait de régner.

Le prince ne s'arrêta point à leurs remontrances, et Pierre Grégoire, de Toulouse, consentit à quitter sa chaire et sa patrie pour répondre à l'appel qui lui était fait (1581).

Le célèbre professeur avait compris que le duc entendait le mettre à la tête de l'Université tout entière. Ce qui se passait dans les autres universités ne pouvait lui faire soupçonner la vérité : en effet, à Paris, le Recteur était élu dans des assemblées solennelles ; à Toulouse, l'élu était toujours choisi parmi les professeurs de droit. Aussi, quand arrivé à Pont-à-Mousson, Grégoire apprend que l'ordre des Jésuites est en possession de cette dignité et entend bien la garder constamment, parce que les lettres patentes de 1580 reconnaissaient pour toujours le Recteur du Collège comme Recteur de l'Université, son mécontentement ne connaît pas de bornes et, sitôt installé dans ses nouvelles fonctions (1582), il engage inutilement, pour essayer de l'arracher à ses adversaires, une lutte où il met toute la ténacité qui était le trait dominant de son caractère (1).

Des incidents de toute sorte marquèrent les premières années de l'existence de la Faculté de droit. Mais, pendant les deux siècles qu'elle a enseigné à Pont-à-Mousson (2), elle rendit de grands services au pays en formant les jurisconsultes honnêtes et

---

(1) La fille unique de Pierre Grégoire fut alliée à l'ancienne famille de Mitry.

(2) M. Ed. Bonvalot, ancien conseiller à la Cour d'appel de Dijon, dont les savantes publications ont été plusieurs fois couronnées par l'Académie des inscriptions et belles-lettres, a bien voulu nous donner avec la plus grande obligeance de précieuses indications, notamment sur les sources où nous devions puiser des renseignements sur la fondation de l'Université de Pont-à-Mousson. Il a mis aussi avec empressement à notre disposition une bibliothèque qui contient de nombreux ouvrages sur la Lorraine. Nous le prions de recevoir ici l'expression de toute notre gratitude.

instruits qui devinrent des magistrats distingués, d'éloquents avocats ou d'habiles conseillers des ducs.

La liste des doyens et professeurs nous a été conservée et la vie de quelques-uns d'entre eux a fait l'objet d'études pleines d'intérêt (1).

Parmi les jurisconsultes lorrains, le doyen Nicolas Guyot occupe certainement une place élevée par sa science, son dévouement à sa patrie malheureuse et son beau caractère. Il est regrettable que le temps ne nous ait laissé que de rares documents sur sa vie et ses travaux.

Nicolas Guyot appartenait à une famille originaire de la Lorraine. Au milieu du xviie siècle, plusieurs branches habitaient la ville de Mirecourt, celle de Darney et le village de Velotte-Tatignécourt. Elles jouissaient d'une certaine aisance et possédaient quelques immeubles sur les territoires de Blaye, Velotte-Tatignécourt, Vallerois-aux-Saules, Darney et Mattaincourt. Mais déjà, vers 1600, Pierre Guyot, oncle de Nicolas, avait quitté la Lorraine avec Claudine Danray, sa femme, pour aller en Franche-Comté, où on retrouve encore aujourd'hui ses descendants.

Nous avons lieu de croire que le père et la mère de Nicolas Guyot demeuraient à Velotte-Tatignécourt, et que c'est dans ce village qu'il naquit en 1612. La *Chronologie historique des doyens et professeurs des Facultés de droit de l'Université de Lorraine*, en donnant la date de sa mort (4 avril 1682), ajoute que ce jurisconsulte

(1) Ainsi :

Guillaume Barclay, par Dubois.

François Guinet, par Vaugeois,

Le Doyen Pierre Grégoire et l'organisation de la Faculté de droit, par M. l'abbé Hyver, membre de plusieurs Sociétés savantes. M. l'abbé Hyver a bien tenu sa promesse d'écrire l'histoire des premières années de la Faculté de droit à l'Université de Pont-à-Mousson ; il s'appuie sur des documents inédits qui complètent son excellent ouvrage. C'est dans ce travail consciencieux que nous avons puisé la plupart des éléments de notre rapide exposé des débuts d'une institution à laquelle la vie de Nicolas Guyot se trouve si intimement liée. Malgré les nombreuses occupations d'une vie partagée entre un enseignement supérieur et l'étude, M. l'abbé Hyver a bien voulu nous transmettre de très utiles renseignements sur Nicolas Guyot. Nous lui adressons nos sincères remerciements.

était alors âgé de soixante ans, ce qui ferait remonter sa naissance à 1622, tandis que l'épitaphe qui nous a été conservée rappelle qu'il mourut à l'âge de soixante-dix ans. Le manuscrit (1) dont il vient d'être parlé a été rédigé environ un siècle après le décès. Dès lors une inexactitude sur l'âge qu'avait atteint Guyot au moment de sa mort n'aurait rien de surprenant.

Au contraire, l'épitaphe relate cette circonstance qu'elle a été rédigée sitôt après la mort de celui qui en était l'objet; ce qui lui donne une autorité toute particulière, et l'âge y est indiqué non par un chiffre qu'un ouvrier peut altérer, mais par le mot *septuagenarius* (2).

Mais nous ne saurions être aussi affirmatif en ce qui touche le lieu de sa naissance. Notre attention s'est naturellement portée sur les villes et villages cités plus haut. Les registres de Mirecourt et de Blaye ne nous révèlent rien; ceux de Mattaincourt, dont le plus ancien date de 1619 seulement, ne nous apprennent rien non plus; ceux de Vallerois-aux-Saules antérieurs à 1700 ont été brûlés.

Quant aux registres de Darney, qui semblent complets pour la période qui nous intéresse, ils contiennent plusieurs actes relatifs à la famille Guyot. Aucun à la vérité ne rapporte le baptême de Nicolas Guyot, mais un acte de baptême du 24 septembre 1632 (3) mentionne, comme parrain de l'enfant, Nicolas Guyot (de Tatignécourt). L'examen des registres de Velotte-Tatignécourt semblait devoir nous donner le renseignement cherché; malheureusement ils sont incomplets et ne contiennent rien avant 1613.

Il n'est même pas certain que Nicolas Guyot, désigné dans l'acte du 24 septembre 1632 comme originaire de Tatignécourt, soit la personne même dont nous nous occupons. Un acte de vente de 1691 fait à la fois mention de la mort du professeur

---

(1) Guillaume de Rogéville, dans son *Dictionnaire des Ordonnances*, en citant ce manuscrit, n'indique l'auteur que par les initiales M. S. H. G. La *Chronique historique* a été écrite par Sébastien-Hubert Guillaume, nommé docteur agrégé à la Faculté de droit en 1765; elle appartient aujourd'hui à l'un des descendants des Guillaume, qui a bien voulu permettre à M. l'abbé Hyver d'y puiser à notre intention les renseignements relatifs à Guyot.

(2) Voir l'épitaphe aux *Pièces justificatives*.

(3) Voir aux *Pièces justificatives*.

Nicolas Guyot et de celle d'un autre membre de la famille portant les mêmes nom et prénom et ayant habité Tatignécourt (1).

Ainsi il est fort probable que le village de Velotte-Tatignécourt est le lieu que nous cherchons; mais nous n'en pouvons pas rapporter la preuve.

Nicolas avait un frère plus jeune que lui, Blaise. Tous deux furent envoyés à Pont-à-Mousson faire leurs humanités chez les Jésuites. Avant la fondation de l'Université de cette ville, l'instruction supérieure n'était donnée en Lorraine que dans un petit nombre de centres, ainsi à l'abbaye de Gorze, à celle de Saint-Mihiel, au monastère de Tholay et au collège de la ville de Verdun. Les succès de l'établissement des Jésuites avaient fait ouvrir diverses écoles, mais elles offraient moins de garanties à tous égards. Ces enfants travaillèrent avec une égale ardeur et firent de rapides progrès. Aussi voulurent-ils profiter l'un et l'autre des ressources que leur offrait l'Université et faire plus tard des études spéciales. L'aîné se sentait attiré vers le droit; son frère préféra suivre les cours de médecine.

Pour être admis à suivre les leçons de la Faculté de droit, Nicolas Guyot dut faire une année de philosophie et en justifier. On pensait déjà à cette époque que la philosophie est le complément nécessaire des humanités, qu'elle élève l'esprit et le prépare à l'étude du droit.

En outre il lui fallut se faire inscrire sur le registre du doyen et faire profession de foi par serment aussi entre les mains du doyen. Dans cette profession de foi, l'étudiant lui promettait notamment l'obéissance ainsi qu'à ses professeurs, et s'engageait à observer les statuts et règlements de la Faculté.

S'il n'avait pas rempli cette double condition, il ne serait pas entré en participation aux privilèges de l'Université.

L'étudiant qui était étranger à la ville et n'était point accom-

---

(1) Voir aux *Notes* l'acte de vente de 1691. Cet acte appartient à Mme Hilaire Guyot, propriétaire à Velesmes (Haute-Saône), chez qui nous l'avons découvert. Mme Guyot s'était prêtée avec une extrême obligeance aux recherches que nous lui avions demandé la permission de faire dans ses papiers de famille. Nous la prions d'agréer l'expression de notre gratitude.

pagné de sa famille, s'installait d'ordinaire dans les *pensions bourgeoises*. Il y était exploité, mais jouissait d'une liberté presque complète et en abusait facilement. C'était, on le comprend, le sort que préférait le jeune homme qui mettait le plaisir avant le travail. Mais les deux frères avaient dû chercher ailleurs un régime de vie suppléant dans la mesure du possible à la famille absente. Ils étaient exclusivement occupés du but de leur installation à Pont-à-Mousson, et les nombreuses mesures prises pour prévenir ou réprimer le bruit, les querelles, le scandale auxquels les autres étudiants avaient quelquefois le tort de se mêler n'étaient point faites pour eux.

Après avoir défendu aux habitants et écoliers de « n'aller de nuit sans fallots ou chandelles allumées » et « de porter aucunes armes après la retraite », on avait dû interdire à ceux-ci de porter des armes même la journée ; et, afin d'obtenir une complète obéissance, toutes les personnes qui logeaient les étudiants avaient ordre de faire déposer « les bâtons à feu » entre leurs mains pour que ces armes fussent remises au Conservateur des privilèges de l'Université. Quant aux autres armes, comme les épées, poignards, les logeurs devaient les garder jusqu'au départ de l'étudiant.

Plusieurs jeunes gens fréquentant les jeux publics les dimanches et fêtes pendant les offices, défense fut faite de commettre semblable faute à l'avenir. Charles IV avait récemment et définitivement interdit les associations d'étudiants par nation, parce qu'il y voyait une cause certaine de querelles.

Pour maintenir cette jeunesse turbulente et l'empêcher de se porter à de trop grands excès, Charles III avait, par lettres patentes du 7 avril 1579, établi un promoteur et deux huissiers. Mais en 1584, la mesure lui paraissant insuffisante, il avait envoyé à Pont-à-Mousson une garde pour y faire patrouille toutes les nuits.

Diverses peines étaient encourues, notamment l'amende et l'emprisonnement. Pour appliquer cette dernière, il n'y avait d'abord qu'une seule prison, elle était dans la tour Héraudel, près du pont ; plus tard on reconnut qu'il était convenable de séparer les écoliers qui n'avaient commis que des fautes légères de ceux qui s'étaient rendus coupables de faits graves, et on construisit une seconde prison. Les étudiants devaient payer au geôlier trois gros pour leur entrée et un gros chaque jour qu'ils demeuraient enfermés. De cette façon le geôlier avait intérêt à ne point se prêter à une évasion.

Dès 1580, le duc chargea le bailli de Saint-Mihiel de veiller au maintien des statuts et privilèges de l'Université, et il reçut le titre de Conservateur de ces statuts et privilèges. La situation faite à ce personnage était élevée. Ainsi c'était lui qui avait reçu la mission de publier et faire exécuter la bulle du pape Sixte-Quint et les statuts des commissaires des Trois-Evêchés. Et à cette séance qui eut lieu dans la salle des cours de droit, il avait à sa droite le Recteur, les professeurs de la Faculté de théologie, ceux de philosophie, à sa gauche le doyen et les professeurs de droit. C'est à la suite de cette publication qu'on alla sur l'autre rive de la Moselle dans l'église du Collège des Jésuites, où Pierre Grégoire et les professeurs de droit durent faire à genoux leur profession de foi entre les mains du Recteur.

La formule du serment des professeurs de droit mentionnait la promesse d'obéissance à ce haut dignitaire qui avait un lieutenant à Pont-à-Mousson même.

Les désordres de conduite amenaient naturellement quelquefois des embarras d'argent; de là, par exemple, la remise par certains étudiants de livres ou effets d'habillement à titre de gages ou en paiement entre les mains des habitants de la ville. Le Conservateur des privilèges de l'Université était autorisé à retirer les objets dont ceux-ci étaient détenteurs, et à ne leur permettre de requérir aucun paiement, tant sans doute on était habitué à constater les moyens malhonnêtes employés pour exciter les étudiants à faire d'inutiles dépenses. Cependant il était des cas où les bourgeois pouvaient faire saisir ce qui appartenait aux écoliers : ainsi s'il s'agissait d'acquitter le prix de la pension ou le loyer, et à plus forte raison les frais occasionnés par une maladie.

Le Conservateur des privilèges de l'Université était investi d'une véritable juridiction. Il eut d'abord la connaissance en dernier ressort des causes de tous les écoliers pour faits de scolarité : ainsi il jugeait « toutes les difficultés tant civiles que criminelles… tant en demandant qu'en défendant… » Sa juridiction s'étendait même « sur les bourgeois appelés ou tirés en cause par aulcuns desdits escoliers. »

Le duc avait compris qu'il ne fallait pas rendre tous ces jeunes gens, généralement plus étourdis que méchants, justiciables des tribunaux ordinaires. Peut-être ces tribunaux eussent été trop sévères, et auraient ainsi, par leurs sentences, détourné les familles d'envoyer leurs enfants suivre les cours des Facultés à Pont-à-Mousson. D'ailleurs il voulait que « les occasions des longs procès… retranchées… les écoliers résidants dans l'Université puissent plus commodément vacquer à leurs études sans être distraits par poursuite de procès ou aultrement. »

Mais des difficultés survinrent entre le lieutenant du Conservateur et le maître échevin de Pont-à-Mousson, et il fallut régler les deux juridictions. (Règlement du 29 décembre 1606.)

Puis une ordonnance de Henri II du 25 juin 1609 permit d'appeler des jugements du Conservateur des privilèges de l'Université en matière criminelle. Enfin une autre ordonnance du 14 novembre 1613 du même prince restreignit de nouveau cette juridiction spéciale.

Vers la fin du XVIIe siècle, l'office du Conservateur des privilèges de l'Université fut séparé de celui du bailli de Saint-Mihiel et réuni à celui du bailli de Pont-à-Mousson créé par Louis XIV.

Pour rester dans le vrai, il faut dire que c'était la faible minorité des étudiants qui se conduisaient mal ; les autres prouvaient par leur bonne tenue et leur travail qu'ils savaient profiter des recommandations contenues dans les règlements, et ils apportaient dans les solennités religieuses, notamment à la messe de l'école de droit et à la procession faite le jour de la Saint-Nicolas, sous la direction du Recteur, tout le recueillement désirable.

Si d'ailleurs les étudiants se fussent laissé gagner par les doctrines religieuses nouvelles, ou bien que des jeunes gens appartenant à la religion réformée, pour profiter des excellents cours des Facultés de Pont-à-Mousson, se fussent introduits à l'Université, en se déclarant catholiques, ils auraient été renvoyés aussitôt la fraude découverte. Il y eut des exemples de cette juste sévérité, sans laquelle on aurait méconnu le but principal de la fondation de l'Université.

En résumé donc, la plupart des étudiants travaillaient et répondaient aux efforts de leurs professeurs ; de ce nombre étaient Nicolas et Blaise Guyot.

Les cours de la Faculté de droit devaient embrasser toutes les matières dans trois années.

Dans les cours de droit canon on expliquait surtout les *Décrétales de Grégoire IX* et le *Décret de Gratien*. Ceux de droit civil portaient exclusivement sur le droit romain. Bien que depuis longtemps les Coutumes aient été recueillies et rédigées, on ne les expliquait point encore à Pont-à-Mousson. Le nombre des professeurs était fixé : deux pour le droit canon, deux pour le droit civil. Un jeune professeur était en outre chargé, sous le nom d'*Institutaire*, d'expliquer les Instituts de Justinien tous les ans en faveur des nouveaux élèves.

L'étudiant ne pouvait se présenter au baccalauréat qu'après deux années d'études, et à la licence et au doctorat qu'après trois années. Il lui était loisible de ne suivre que les cours de droit civil ou ceux de droit canon, et de ne prendre que les grades spéciaux à l'une de ces deux Facultés réunies cependant sous un seul doyen.

Le grade de docteur était indispensable pour enseigner le droit, à la différence de ce qui avait lieu à la Faculté de médecine où celui de licencié suffisait.

Les écarts de quelques écoliers peu laborieux n'étaient pas malheureusement les seules causes qui eussent été de nature à déranger les deux frères de leurs études.

Ils résistaient très facilement à l'entraînement de l'exemple, mais il leur fallut une bien grande force de volonté, une véritable ardeur pour pouvoir travailler avec fruit au milieu des événements qui marquèrent l'année 1630 et les suivantes ; à une époque de prospérité avait succédé en effet la période des effroyables épreuves de la Lorraine (1).

La peste, qui avait sévi déjà vers la fin du siècle précédent, se répandit de nouveau à Pâques, et cette fois pour faire d'horribles ravages, pendant sept années. Au commencement de 1631 la contagion avait paru cesser ; et un certain nombre de personnes qui avaient quitté Pont-à-Mousson avaient cru pouvoir y rentrer impunément, et notamment les élèves du séminaire de la *Congrégation des Chanoines réguliers réformés de Notre-Sauveur ;* mais le général de l'ordre, le P. Nicolas Guinet, neveu et filleul du professeur de droit, ayant confessé une personne atteinte de la peste, tomba malade lui-même et mourut le 13 avril. Dans cette seule année, 2,800 personnes succombèrent à Pont-à-Mousson, soit le sixième de la population, et les cours de l'Université furent souvent interrompus en 1631, 1632 et 1633.

A la peste vinrent bientôt se joindre les souffrances de l'invasion.

On sait l'ensemble des faits qui déterminèrent Richelieu et Louis XIII à attaquer la Lorraine en juin 1632.

Les maréchaux d'Effiat et de La Force prennent sans coup férir la ville de Pont-à-Mousson que les étudiants et leurs professeurs avaient déjà quittée, et gagnent les abords de Nancy qu'ils menacent. Louis XIII, qui commandait de sa personne un autre corps d'armée, s'était avancé directement par Sainte-Menehould. Le duc de Lorraine, qui n'oppose nulle part de résistance, subit bientôt, pour rentrer en possession de ses Etats, les dures conditions du traité de Liverdun.

De Liverdun le roi se rend à son tour à Pont-à-Mousson, où le Cardinal de Lorraine dut aller demeurer en otage jusqu'à ce que les garnisons françaises eussent occupé les places promises.

La position faite ainsi à la Lorraine était désormais des plus

---

(1) Quand Blaise fut reçu docteur en médecine, il alla se fixer à Darney où il avait des parents, comme nous l'avons dit, et il exerça sa profession dans cette ville.

graves, et le traité qui venait d'être signé ne rassurait guère les populations.

Ces sinistres pressentiments n'étaient que trop fondés; la nouvelle du mariage de Gaston d'Orléans avec Marguerite de Lorraine et la conduite de ce prince à l'égard du roi amènent une nouvelle invasion. Un corps d'armée suédois, dont les mouvements sont concertés avec Louis XIII, écrase à Pfaffenhofen les troupes lorraines envoyées pour faire lever le siège de Haguenau. Les soldats vaincus essayent dans leur fuite, les uns de pénétrer à Nancy, les autres de se reformer dans les Vosges autour de leur souverain. L'approche des Suédois jette l'effroi dans tout le pays et nombre d'habitants commencent à émigrer.

L'année suivante, la volonté du roi de dépouiller Charles complètement était manifeste.

En face de ces prétentions nouvelles, celui-ci, qui n'avait pas d'enfant de Nicole, se décide le 19 janvier 1634 à abdiquer sa couronne en faveur du cardinal François, son frère, qui épouse Claude, seconde fille du duc Henri. Cette princesse était alors l'héritière présomptive des duchés de Lorraine et de Bar, si on entendait contester l'application de la loi salique dans ces Etats; et c'est de cette union que sont sortis Charles V, Léopold et François III, tous ducs de Lorraine. Le mariage de François avec Marie-Thérèse d'Autriche devait un jour mettre sur le trône des Habsbourg la dynastie lorraine, qui règne encore aujourd'hui à Vienne.

Deux places seulement avaient une garnison lorraine, Bitche et La Mothe. Bitche se défendit énergiquement, mais ne put résister longtemps. Quant à La Mothe, elle fut assiégée par le maréchal de La Force; Turenne commandait une batterie. La place soutint un siège mémorable durant quatre mois contre des troupes aguerries, et cependant la garnison ne se composait que d'un petit nombre de soldats. Mais les bourgeois avaient offert leur concours et ils firent le service militaire tantôt sous les ordres de leurs officiers, tantôt confondus avec la troupe. Ils voulurent même opérer seuls une sortie contre un corps écossais qui essuya de grandes pertes. A bout de ressources, la ville dut se rendre, mais en obtenant des conditions qui étaient un hommage bien dû par le vainqueur à une défense héroïque. L'histoire a gardé les noms de tous les officiers qui se sont distingués durant ce siège. Parmi ceux qui étaient à la tête de la bourgeoisie se trouvait un avocat portant le même nom que notre étudiant en droit. Tout porte à croire que cet homme si brave appartenait à la même famille. A la suite d'un autre siège, en 1645, la ville fut prise et rasée, mais le lieu qu'elle occupait est connu, il n'est qu'à quelques lieues de Mirecourt. Quoi qu'il en soit, la capitulation des deux dernières places lorraines laissait en 1634 les troupes du roi complètement maîtresses de la Lorraine.

C'était durant ces temps si troublés que Nicolas Guyot avait fait ses études de droit et pris ses divers grades de bachelier, licencié et docteur. Nous ne pouvons pas préciser le nombre des années qu'il y avait consacrées, ni indiquer les professeurs dont il suivit les leçons. Mais de 1630 à 1635 la Faculté de droit avait eu pour doyen *Nicolas Odin*, prêtre et protonotaire apostolique (pourvu en 1628, décédé en 1636), et pour professeurs :

Noble *Claude Christophorin*, de Pont-à-Mousson (pourvu en 1598, mort de la peste en 1631).

Noble *Nicolas Romain* (pourvu en 1601, mort en 1631).

Noble *François Guinet* (pourvu en 1626, il se démet en 1633).

Noble *Antoine Richard*, maître échevin à Pont-à-Mousson (pourvu le 5 février 1632, il devient en 1635 président au Parlement de Saint-Mihiel).

Ainsi sur sept doyen et professeurs, quatre avaient succombé dans cette courte période. Celui qui nous est le plus connu et dont le talent paraît avoir jeté le plus d'éclat sur l'Université, ce fut François Guinet. Jeune encore il avait été appelé à monter dans la chaire déjà occupée par son père Nicolas Guinet pendant un quart de siècle. Son enseignement portait avec lui le caractère d'une profonde conviction; il savait la faire passer dans l'esprit de ses élèves qui l'entendaient souvent s'écrier : « Périsse le monde plutôt que le droit ! »

Sa fille lui fut enlevée par la peste en 1632, et la douleur qu'il en ressentit ne fut point étrangère à la détermination qu'il prit avant l'heure de se démettre de ses fonctions.

Les professeurs rivalisaient de zèle pour soutenir l'Université au milieu des épreuves de toute sorte que chaque jour il fallait supporter. Aussi le nombre des élèves inscrits à la Faculté de droit était-il encore relativement considérable à la rentrée de l'année 1634; on était autorisé à croire que l'on avait touché au terme des souffrances ou que le temps apporterait quelque soulagement à un si triste état de choses, mais c'était une illusion.

A notre grand regret, bien des documents vont nous faire défaut pour suivre le jeune docteur jusqu'en 1651, époque à laquelle nous le retrouverons en Bavière occupant une position élevée. Les événements n'expliquent que trop ces lacunes, notamment les incendies et ravages dont la Lorraine fut le théâtre pendant les années 1635 et suivantes.

Toute la famille ducale avait été l'objet des recherches et des mesures les plus rigoureuses de la part de Richelieu; et cependant tous ses membres avaient échappé au Cardinal. Seule Nicole était à Paris.

A la nouvelle de l'évasion de François et de sa jeune épouse réfugiés à Florence, Charles IV avait protesté contre l'acte de cession et revendiqué ses droits. Menacé à son tour d'une arrestation, il avait fui, traversé divers pays et pris, comme volontaire, une part si brillante à l'assaut de Ratisbonne que ses fidèles sujets quittèrent en grand nombre la Lorraine et gagnèrent la Bavière pour lui offrir leurs services. Charles, de concert avec l'armée espagnole et les troupes impériales, menace la ville de Nordlingen occupée par les Suédois. Une grande bataille s'engage durant deux jours (5 et 6 septembre 1634) entre les alliés et un corps de secours suédois commandé par Bernard de Saxe-Weimar, le comte de Horn et le général Cratz. Charles, non seulement fait des prodiges de valeur, mais se montre un général de premier ordre. Bernard de Saxe-Weimar est grièvement blessé et sur le point de rester prisonnier; le comte de Horn et Cratz sont réduits à offrir leurs épées au vainqueur. Les malheurs du duc de Lorraine n'avaient point enlevé à son caractère ce qu'il avait de chevaleresque ; Charles traita les vaincus avec générosité.

Le jeune jurisconsulte parait avoir subi l'entraînement de la jeunesse lorraine et avoir pris part à cette expédition qui aurait pu avoir des conséquences très importantes si les trois armées se fussent ensuite portées vers le Rhin ; mais les confédérés se séparèrent peu après la reddition de Nordlingen. Il est probable que Guyot renonça dès ce moment au métier des armes, où il ne pouvait plus utilement servir sa patrie, et qu'il se décida à aller à l'Université d'Altdorf qui, comme la plupart des Universités d'Allemagne, brillait alors d'un vif éclat par suite de nos dissensions religieuses. Les grands jurisconsultes de France, partisans de la Réforme, avaient passé à l'étranger dans la dernière moitié du XVIe siècle et formé d'excellents élèves qui avaient propagé leurs doctrines en les améliorant (1).

Là il élargirait le cercle de ses connaissances et compléterait des études qui lui permettraient un jour d'occuper lui-même une chaire de droit avec une véritable distinction.

Les malheurs éprouvés par la Lorraine durant les années suivantes devaient le mettre dans l'impossibilité d'y retourner (2).

Chaque jour le poids de l'occupation des troupes étrangères devenait plus lourd ; il s'y était joint des pillards qui suivent toutes les armées. Les Croates venus avec les Impériaux étaient tout particulièrement cruels et ne différaient guère des Suédois, si irrités du récent désastre de Nordlingen. Disons-le à la louange de notre pays, les Français commirent le moins d'excès. Les horreurs du pillage de Saint-Nicolas (décembre 1635), ville ouverte cepen-

---

(1) *Les Écoles de droit en Franche-Comté et en Bourgogne*, par M. Villequez, doyen de la Faculté de droit de Dijon. (Voir *Revue de législation*, vol. 1872, p. 370.) C'est une excellente histoire des écoles de droit de Dôle, de Besançon et de Dijon. Aucun des côtés utiles n'y a été laissé dans l'ombre. L'auteur rappelle toujours à propos ce qui s'est passé dans d'autres écoles et entre quelquefois dans des explications pleines d'intérêt sur l'histoire du droit. La clarté des leçons du professeur se retrouve dans ses écrits. Aussi le lecteur conserve-t-il le meilleur souvenir de l'ouvrage de M. Villequez.

(2) Callot, qui s'inspira dans ses gravures des souffrances de sa patrie, ne fut pas cependant témoin des plus grandes épreuves de la Lorraine ; il mourut en 1635. Après l'entrée de Louis XIII à Nancy en 1633, il avait eu le courage de refuser d'en consacrer le souvenir par le burin.

dant, font frémir. Presque toutes les autres villes eurent plus ou moins à souffrir des divers partis qui se les disputaient. A plus forte raison la situation des gens de la campagne était-elle déplorable : partout le meurtre, partout l'incendie. Les champs n'étaient plus cultivés, tout commerce devenait impossible, et alors que cinq cent mille étrangers de diverses nationalités écrasaient le pays, les ressources s'épuisaient complètement, et on était réduit, poussé par le besoin, à se nourrir des aliments les plus immondes. Un très grand nombre de personnes moururent de faim. D'aussi grands malheurs devaient enfin exciter la pitié et appeler les secours du vainqueur. Un Français que l'Eglise a proclamé saint, conçut vers 1639 le projet de venir en aide à la Lorraine. Par d'actives démarches près de la reine Anne d'Autriche et des grands seigneurs auxquels il exposait avec l'éloquence du cœur des souffrances imméritées, il se fit remettre des sommes énormes. De dignes prêtres de la *Congrégation de la Mission*, que Vincent de Paul avait fondée, allèrent visiter les villes et les villages, portant des consolations et des secours. On jugera de l'immensité des besoins et de la grandeur du désastre en Lorraine par ce qui se passait à Pont-à-Mousson et à Verdun. « A Pont-à-Mousson les pauvres affamés étaient si exténués et si languissants qu'ils expiraient même en mangeant. » Pendant un temps c'étaient cinq cents indigents que les prêtres de la *Mission* avaient à assister par jour dans chacune de ces deux villes. Les ecclésiastiques, nobles et bourgeois ne souffraient pas moins que le peuple. Aussi le P. Caussin, confesseur de Louis XIII, a-t-il pu dire en toute vérité : « *Sola Lothoringia Hierosolymam calamitate vincit.* » Si Vincent de Paul et ses missionnaires déployèrent une véritable charité chrétienne, la reconnaissance des populations ne fut pas limitée à la durée de l'épreuve, et on doit dire à l'honneur de cet infortuné pays que, après que les misères furent soulagées, divers corps de ville, notamment celui de Pont-à-Mousson, se firent un devoir d'adresser à Vincent de Paul des lettres de remerciements. — Détournons les yeux d'un pareil spectacle en nous disant que la guerre est un terrible fléau et que les nations ne devraient jamais s'exposer à le subir que quand leur indépendance est menacée.

L'exil, volontaire ou non, est toujours douloureux ; mais les événements avaient conduit Nicolas Guyot dans une contrée où l'attendait ce bienveillant accueil dont a tant besoin l'homme qui est seul et étranger.

La Bavière était catholique comme la Lorraine, et les troupes des deux pays avaient souvent combattu les mêmes adversaires. Depuis longtemps des alliances existaient entre les deux maisons souveraines, et à cette époque une princesse de Lorraine était sur le trône de Bavière.

Guyot avait déjà défendu son souverain les armes à la main ; son cœur lui était toujours fidèle, et pour lui, comme pour tout Lorrain, le patriotisme se confondait avec l'attachement au prince. La situation qu'il s'était créée en Bavière, les relations qu'il avait formées furent mises complètement au service de Charles IV malheureux, qui lui confia diverses affaires.

Nous aurions voulu avoir quelques données sur les missions dont il fut chargé ; avec de patientes recherches nous aurions peut-être fini par en connaître les détails. Mais un voile épais nous cache cette partie des travaux de notre jurisconsulte ; nous ne savons même pas si le duc l'employa ailleurs qu'en Bavière. Ce que nous pouvons affirmer toutefois, c'est qu'il s'acquitta de ces missions à la grande satisfaction de Charles, qui fit souvent appel à son dévouement. A cet égard nous ne nous appuyons pas seulement sur les termes, si positifs d'ailleurs, d'une épitaphe rédigée, nous l'avons dit déjà, au lendemain même du décès de Guyot, et dans la ville où il avait passé les vingt dernières années de sa vie ; nous verrons plus tard le prince récompenser les services de son envoyé.

Le nom de Nicolas Guyot avait acquis une véritable notoriété en Bavière dans les fonctions qui avaient mis le jeune Lorrain en rapport avec les personnages les plus considérables de l'Allemagne. Aussi quand, à la mort de son père Maximilien en 1651, Ferdinand-Marie lui succéda et dut chercher autour de lui des hommes qui fussent dignes de sa confiance, son attention fut attirée sur l'enfant de la Lorraine, et il voulut que le pays qui lui avait donné l'hospitalité pût bénéficier des rares qualités de l'exilé. Ferdinand-Marie le revêtit de la dignité de Conseiller d'Etat.

Ce fut à cette époque que Guyot épousa Madeleine de Blanzey d'origine lorraine; mais nous n'avons pu recueillir que bien peu de données sur cette famille qui ne figure dans aucun des armoriaux suivants : L'*Ancienne Chevalerie*, par Husson; les *Anoblis*, par dom Pelletier; les *Lettres de noblesse,* par Boudot; le *Nobiliaire de Saint-Mihiel*, par Dumont ; le *Dictionnaire de la noblesse*, par Lachaisnaye ; le manuscrit de *d'Hozier* (à la Bibliothèque nationale). Mais nous devons aux obligeantes recherches de M. Petitot-Bellavene, notre parent et ami, les seuls renseignements dont nous disposions. Il les a puisés dans dom Calmet, à la notice de Lorraine, article du village de Blanzey, et dans un manuscrit fait à Nancy en 1650 et intitulé : *Armorial des principales maisons de France et de Lorraine avec les blasons coloriés*. Il est regrettable que ce dernier document ne contienne que les armoiries avec le nom au bas de chacune, sans aucune autre indication.

Les ancêtres de Madeleine étaient seigneurs du village de Blanzey, près Verdun-sur-Meuse. Garnier avait reconnu en 1269 devoir à Thibaut, comte de Bar, trente livres de *terre à forts* sur tout ce qu'il avait à Blanzey; un autre seigneur de Blanzey avait en 1431 servi Louis de Harancourt, évêque de Verdun. Depuis, cette terre avait été réunie à une seigneurie voisine, et on ne sait pas où s'étaient fixés les descendants de ses anciens seigneurs. Ils portaient de *sinople à une croix d'argent cantonnée de quatre annelets de même.*

L'histoire a conservé le meilleur souvenir de Ferdinand-Marie. Il s'appliqua pendant dix-huit années à assurer la paix à son peuple et à faire régner l'ordre et l'économie dans son administration et ses finances. *Heiss,* dans son *Histoire de l'empire d'Allemagne*, analyse son règne en quelques mots : « Ferdinand-Marie était un prince fort prudent et fort judicieux, bien instruit de ses intérêts, extrêmement aimé de ses sujets et qui avait su se gouverner avec beaucoup de fermeté contre les entreprises de la cour de Vienne. Il dépendit de lui d'être empereur après la mort de Ferdinand III, mais son humeur pacifique, l'adresse de l'électeur de Mayence et les sollicitations de sa mère firent avorter ce dessein. »

Nous aurions voulu pouvoir entrer dans quelques détails sur les faits qui occupèrent les dix années que Guyot passa en Bavière, mais la Bibliothèque Nationale, si riche en documents de toute sorte, ne contient aucune histoire de l'électeur Ferdinand-Marie (1).

A la mort de Richelieu (1642), Charles n'était point réintégré dans ses Etats. Anne d'Autriche oubliait ses excellentes dispositions pour lui et sa qualité de sœur du roi d'Espagne pour ne se souvenir que de son rôle de régente, à l'instigation de son ministre Mazarin.

Dans les assemblées qui avaient préparé le traité de Westphalie, la cause du duc de Lorraine avait été appuyée, plus tard abandonnée par l'Empereur. La guerre avait été désastreuse pour lui et ses alliés, et certains membres du Corps germanique rappelaient que les Etats du duc de Lorraine ne faisaient plus partie de l'Empire, sauf pour quelques principautés sans importance, et qu'il n'était pas juste de compromettre pour ce prince le sort des négociations d'un intérêt général.

L'Espagne, au service de laquelle Charles venait de mettre son épée et ses troupes, ne sut pas mieux le protéger, et le traité de Westphalie ne contient qu'une clause constituant une véritable fin de non-recevoir au sujet de la Lorraine. Charles se souvenait non sans amertume de ce que lui devaient les deux branches de la maison d'Autriche qu'il avait défendues sur

---

(1) Vers le xiiie siècle, le nombre des électeurs ayant le droit de prendre part au choix de l'empereur d'Allemagne fut fixé à sept. Mais la maison palatine fut privée de cette dignité en 1623. Pour récompenser Maximilien de ses services pendant la guerre de Trente ans, l'empereur Ferdinand II la lui conféra et rendit le titre héréditaire dans sa famille. Mais, à la paix de Westphalie (1648), la maison palatine fut rétablie dans ses droits primitifs et il y eut huit électeurs.

maints champs de bataille, sur les rives du Rhin, dans la Souabe, notamment à Tutlingen, en Alsace, en Franche-Comté et dans les Flandres. L'Espagne devait mettre le comble à son ingratitude en le faisant arrêter à Bruxelles (février 1654) dans la crainte qu'il n'abandonnât son alliance pour se donner à la France. Malgré l'indignation générale soulevée en Europe par un tel attentat commis contre un souverain, Charles fut détenu durant cinq années à Tolède.

Les victoires des armées françaises sur les Espagnols amenèrent la paix des Pyrénées. Avant la signature officielle du traité, Charles était mis en liberté et allait plaider lui-même sa cause devant les négociateurs ; mais ni son insistance caressante et soumise vis-à-vis le Cardinal, ni ses violences à l'égard du ministre espagnol, n'avaient pu faire ajouter le Barrois à la Lorraine qu'on consentait à lui rendre.

En face de la mort, Mazarin se départit de ses rigueurs ; sa conscience lui reprochait sans doute d'avoir au début de sa carrière, trahi pour édifier sa fortune politique, les intérêts de la Lorraine que le Pape l'avait chargé de défendre. Il semblait donc qu'enfin le vieux souverain, dépossédé de ses Etats presque constamment pendant près de trente ans, dût au moins achever tranquillement sa vie. Elle devait, il est vrai, se prolonger de longues années, mais bien des agitations et des souffrances étaient encore réservées par son fait à ses sujets.

A cette heure on était autorisé à reprendre confiance dans l'avenir d'un pays auquel nulle épreuve n'avait été épargnée. Aussi le Conseiller d'Etat se détermine-t-il de suite à quitter sa patrie adoptive et la grande position qu'elle lui avait faite, et à rentrer en Lorraine. Il avait cinquante ans et souffrait de son éloignement prolongé : il n'avait point d'enfant de son mariage avec Madeleine de Blanzey et se disait que les dignités et les avantages pécuniaires qui y étaient attachés, perdaient tout leur prix puisque après lui personne n'en devait naturellement recueillir le bénéfice.

L'heure du repos n'avait point sonné pour lui cependant ;

son activité allait seulement changer de direction. Il avait toujours aimé les études de droit et il se souvenait non sans bonheur des premières années qu'il avait passées à l'Université de Pont-à-Mousson. C'est là qu'il désire aller se fixer pour rendre à la Faculté de droit son ancien éclat. Sa nouvelle résidence ne l'éloignerait pas d'ailleurs beaucoup de sa famille et des propriétés qu'il avait aux environs de Mirecourt. Les services importants et dévoués qu'il avait rendus à Charles assuraient à sa demande un accueil favorable. Le prince sentait l'utilité de la Faculté de droit et s'était proposé dès son retour de prendre toutes les mesures nécessaires pour y appeler un grand nombre d'élèves ; aussi donna-t-il de suite à Guyot l'emploi que celui-ci désirait. La bulle de fondation n'indiquait ni expressément ni indirectement le mode de nomination des doyens et professeurs de la Faculté de droit : et bien que dans les Universités de Paris et de Bologne les professeurs fussent choisis au concours et le décanat dévolu au plus ancien professeur, les ducs avaient toujours pourvu eux-mêmes les doyens et professeurs ; la bulle de Sixte V leur reconnut ce droit.

Du reste, les ducs se faisaient renseigner avec soin sur les hommes qu'il convenait d'appeler à Pont-à-Mousson, et les jurisconsultes étrangers qu'ils choisissaient avaient presque tous obtenu des grades ou occupé des positions qui offraient des garanties sérieuses. Les rois de France, que la conquête avait rendus maîtres de la Lorraine pendant de longues années, paraissent s'être appliqués à suivre autant que possible l'exemple des ducs en ce qui touchait à l'Université de Pont-à-Mousson. Du reste ils étaient tout naturellement portés à les imiter au point de vue du mode de nomination des doyens et professeurs dans les très rares occasions où ils jugèrent à propos de pourvoir à la vacance d'une chaire ou du décanat. Ainsi, à la demande des ducs, le fameux Pierre Grégoire avait, on s'en souvient, quitté la Faculté de Toulouse, et Charpentier une présidence au Parlement de Bretagne. Louis XIII avait pris le doyen Deschambres parmi les docteurs de l'Université d'Angers.

Un siècle s'écoulera depuis la bulle de fondation avant que Louis XIV ne pose pour la Faculté de droit de Lorraine le principe qui régissait celles de Paris et de Bologne : « on remplira par la dispute et le concours les chaires vacantes. » Les innovations de ce genre sont, paraît-il, difficiles à réaliser, car si, en exécution de l'ordonnance royale du 12 avril 1688, un concours sera ouvert en 1689, Louis XIV décidera qu'il aura lieu à Paris et non à Pont-à-Mousson, sous le prétexte de l'état de maladie de deux des professeurs. Il est permis de croire que le roi avait une autre préoccupation. En effet, le doyen Hordal III fit son cours jusqu'au 19 octobre 1691 et ne mourut que le 22 février 1692 ; d'autre part, Pierre Mouret ne succomba que le 25 février 1690. Quoi qu'il en soit, quand le duc Léopold reprendra possession du pouvoir, il confirmera expressément le principe, mais en en ajournant l'application.

Le docteur Guyot avait donc été pourvu par lettres patentes en date du 3 mai 1662, et le 2 juin il faisait sa profession de foi entre les mains du Recteur avant de commencer ses cours.

Les épreuves qu'avait traversées la Lorraine avaient été cruellement ressenties par l'Université et en particulier par la Faculté de droit. D'après le Règlement de Charles et celui des commissaires des Trois-Evêchés (27 mars 1582 et 24 juin 1587), elle devait se composer de quatre professeurs dont deux pour le droit civil et deux pour le droit canon. Mais ce nombre n'avait pas pu être longtemps maintenu. — Nous avons vu que dans la période de 1631 à 1635 les cours avaient été fréquemment interrompus ; ce fait se produisit même plus tard. C'est ainsi qu'en 1638, Tabourin, resté seul professeur, ne fait plus de cours, faute d'élèves. En 1640, Hordal III est pourvu d'une chaire et les cours sont repris. Pendant la *petite paix*, on croit à un avenir meilleur. Charles IV vient à Pont-à-Mousson, témoigne l'intérêt qu'il porte à toute l'Université en consentant à assister à une pièce dramatique que le P. Recteur fait représenter en son honneur. Mais bientôt le roi de France s'empare de nouveau de la Lorraine ; les professeurs ne touchant plus de gages et n'ayant presque plus d'écoliers, interrompent les cours.

En 1646, les deux professeurs font régulièrement chaque jour leurs leçons.

A la mort de Tabourin (1658), il ne reste qu'un seul professeur jusqu'à la nomination de Guyot, c'est Hordal III.

Mais vers cette époque Charles pourvoit Pierre-Nicolas Lavocat d'une chaire de droit, et ainsi le nombre des professeurs est porté à trois.

Le décanat était-il destiné à Guyot dès son arrivée, et le prince, en ne lui conférant point de suite cette dignité, voulait-il faire preuve de ménagement pour Hordal, qui professait depuis plus de vingt années? Nous ne savons. Mais bientôt la manière remarquable dont il fait ses leçons, et le succès de son enseignement attirent sur lui l'attention de toute l'Université, et le prince répond au sentiment général en le nommant doyen, dès le 3 janvier suivant, par lettres patentes datées de Mirecourt. Le nouveau dignitaire succédait à Georges Deschambres après un intervalle de vingt-six ans, et au grand regret de Hordal, qui avait considéré que le décanat lui était assuré à tous les titres.

Son aïeul, Jean-Georges Hordal, pourvu d'une chaire de droit à la même Faculté le 7 octobre 1587, l'avait occupée plus de trente années et avait rempli les fonctions de vice-doyen après le départ de Guillaume Barclay. Ce jurisconsulte avait pour trisaïeul maternel Pierre d'Arc, troisième frère de la Pucelle de Domremy; et ce souvenir de famille lui avait fait obtenir de Charles III des lettres déclaratives de noblesse.

Son père, Jean Hordal II, avait aussi professé le droit à Pont-à-Mousson, avait été conseiller d'Etat sous Charles IV, qui l'avait envoyé en mission à Bruxelles où il était mort en 1631.

Lui-même, Jean Hordal III, avait, comme on l'a vu, de longs services.

La nomination de son collègue l'affecta donc profondément.

Son mécontentement toutefois ne paraît pas justifié, si on compare les positions des deux professeurs. Assurément tous les titres qui militaient en faveur de Hordal ne pouvaient pas, ce semble, être opposés avec avantage aux services rendus par Guyot dans ses nombreuses et importantes missions remplies au grand profit de la Lorraine. D'ailleurs le nouveau doyen avait sept années de plus que son collègue.

Cependant Hordal crut pouvoir porter ses doléances aux pieds de Charles qui, avec une incroyable versatilité, accueillit sa réclamation, et sans s'occuper des singulières conséquences de sa nouvelle décision, lui accorde aussi des lettres de doyen en date du 13 février (1).

Quelquefois l'Université avait eu à souffrir des mesures prises précipitamment par les ducs les mieux disposés pour elle ; mais cette fois la contradiction est flagrante, et on chercherait vainement le motif qui a pu dicter à Charles IV une détermination de nature à faire naître la discorde dans la Faculté. Cependant le calme et l'élévation des sentiments de Guyot devaient épargner cette nouvelle épreuve à l'Université. Dès le lendemain du jour où ont été signées les lettres que rapportait Hordal, Guyot va au-devant d'une transaction, et il est convenu que les fonctions de doyen seront exercées alternativement d'une année à l'autre par les deux professeurs. Le prince la sanctionna, et elle fut homologuée le 4 avril par la Cour souveraine siégeant à cette époque à Saint-Mihiel.

La généreuse conduite de Guyot appelait une compensation. Celle qu'il obtint fut modeste. Hordal lui remit des provisions en blanc d'assesseur en la justice de Pont-à-Mousson, pour la faire remplir du nom de telle personne capable qu'il jugerait à propos.

Ainsi ce conflit entre deux professeurs de la Faculté de droit

---

(1) Les ducs de Lorraine n'étaient pas les seuls princes exposés à prendre d'aussi étranges déterminations : Le roi Henri IV, qui traitait avec une bienveillance particulière André Frémiot, archevêque de Bourges et abbé de Saint-Étienne de Dijon, à cause du président Frémiot, son père, lui avait donné des biens considérables situés dans le canton de Gex, oubliant qu'il les avait déjà donnés à François de Sales, évêque de Genève, pour y établir des cures catholiques. De là un procès intenté par François de Sales à l'archevêque de Bourges. Une première juridiction avait rejeté les prétentions de François de Sales, et celui-ci avait interjeté appel devant le parlement de Bourgogne. Cependant les deux adversaires purent se rencontrer à Dijon et à la suite de conférences amicales, André Frémiot abandonna tous ses droits. Il en résulta entre les deux évêques une de ces fortes amitiés que rien ne peut détruire. (*Histoire de sainte Chantal*, par l'abbé Bougaud.)

prenait fin de suite et sans éclat, à la différence de celui auquel, dans le siècle précédent, avait donné lieu le rectorat entre Pierre Grégoire et les Jésuites.

De quelle chaire fut-il chargé ?

Aucun document ne nous l'apprend d'une manière positive ; aucun même ne nous aide à nous faire une opinion à cet égard.

Il y avait, on le sait, deux professeurs de droit civil et deux professeurs de droit canon.

Guyot, entrant à la Faculté de droit dans les circonstances que nous avons indiquées, avait dû avoir l'option entre les chaires vacantes ou au moins être consulté. Nous aurions voulu connaître sa réponse parce qu'elle nous aurait livré le secret de sa préférence pour l'étude de certaines matières de l'enseignement.

Il est évident que Guyot n'était point chargé des *Institutes*, car dans toutes les Facultés de droit l'Instituaire était choisi parmi les plus jeunes professeurs.

Une main toujours obligeante (1) a trouvé dans les documents imprimés à Pont-à-Mousson une thèse soutenue devant la Faculté de droit : *Positiones canonicæ de electione quas sub præsidio Nicolaii Guyot, in celeberrima Universitate discutiendas proponit Ehrardus Schütz, 1670*. Nicolas Guyot y présidait. Mais la date de 1670 révèle d'abord que plusieurs années s'étaient écoulées depuis la nomination de Guyot. D'autre part, diverses circonstances ont pu faire échoir la présidence à Guyot, bien qu'il ne fût pas professeur de droit canon. Nous aurions peut-être été éclairés par le texte des provisions des professeurs et du doyen. Malheureusement, elles ne sont pas à notre disposition (2).

Quelques mois s'étaient à peine écoulés depuis le règlement

---

(1) M. l'abbé Hyver.

(2) A ce titre et pour beaucoup d'autres renseignements, il y aurait eu le plus grand intérêt à découvrir les lettres patentes dont il s'agit. Des recherches infructueuses avaient déjà été faites depuis longtemps, et une note insérée dans les registres de la Faculté de droit aux archives de la Meurthe, D. 54, en conserve la trace : « Les provisions de professeur du sieur Nicolas Guyot, du 3 may 1662, et celles de doyen pour le même, données à Mirecourt le 3 janvier suivant, n'ont pu être découvertes. » Nous en devons la copie à l'obligeance du savant conservateur, M. Lepage, que nous prions d'agréer

des difficultés relatives au décanat, quand Guyot, pour répondre à la volonté du prince qui faisait appel à son dévouement et à son expérience des affaires politiques, se vit encore une fois obligé de s'éloigner de son pays.

Pour bien faire comprendre dans quelles circonstances il fut consulté par Charles IV et reçut de lui une nouvelle et importante mission, il faut que nous remontions à bien des années en arrière.

Les ducs de Lorraine n'étaient point en possession d'un pouvoir despotique ; de temps immémorial leurs sujets avaient une part plus ou moins considérable dans le gouvernement. Assurément les formes de cette garantie furent l'œuvre des siècles ; la puissance ou la faiblesse du souverain put aussi en modifier le caractère ; toujours est-il que, après avoir seule exercé le contrôle des actes des ducs, la noblesse vit successivement le clergé et le tiers-état appelés à se mêler aux affaires publiques. A la différence des rois de France qui ne convoquaient les Etats que dans des occasions tout à fait exceptionnelles et à de bien longs intervalles, les ducs de Lorraine, fidèles aux traditions de leur pays, après les avoir assemblés à des époques plus ou moins rapprochées, mais que l'on préciserait difficilement, les réunirent

---

ici nos remerciements pour toutes ses intéressantes communications. M. Lepage a bien voulu s'assurer que ni l'une ni l'autre de ces pièces ne se trouvent parmi les lettres patentes des ducs. D'autre part elles ne sont ni à la bibliothèque de la ville de Mirecourt, ni aux archives départementales de Metz. Nous devions donc renoncer à nous procurer les provisions de professeur. Mais tout espoir n'était pas perdu en ce qui concernait celles de doyen. Il y a lieu de croire que les expéditions des deux ordonnances contradictoires de Charles IV avaient été envoyées à la Cour souveraine de Saint-Mihiel pour l'homologation de la transaction intervenue entre les deux professeurs. L'arrêt du 4 avril devait probablement rapporter *in extenso* cette transaction, en y joignant d'amples considérants puisés dans le texte même des provisions ; on était donc autorisé à compter découvrir dans ces documents de précieux détails. Mais qu'était devenu le registre contenant l'arrêt d'homologation du 4 avril ? De ce côté, nos recherches n'ont pas été plus heureuses que les précédentes. Les archives de la Cour d'appel de Nancy ne contiennent en effet qu'un seul registre des patentes entérinées par la Cour de Saint-Mihiel : les patentes entérinées depuis le 27 avril jusqu'au mois de novembre 1661. Enfin les tables du *fonds de Lorraine* ne révèlent pas l'existence de registres analogues parmi les manuscrits de la Bibliothèque Nationale. Il resterait un dépôt dans lequel des investigations auraient pu donner un résultat satisfaisant, ce sont les archives de l'ancien parlement de Metz, où des circonstances particulières auraient peut-être fait porter le registre contenant l'arrêt du 4 avril de la Cour de Saint-Mihiel

Le silence gardé par le préposé que nous avions fait interroger porte-t-il à croire que ce document a été cherché inutilement ?...

presque chaque année. Les Etats décidaient en Lorraine de toutes les affaires, faisaient les lois, votaient les aides quand les revenus personnels des souverains étaient insuffisants. La nécessité de recueillir et de rédiger les Coutumes était-elle reconnue, c'étaient les Etats qui y pourvoyaient. Les ducs promulguaient ces décisions et faisaient des réglements d'exécution qui souvent, sur la réclamation des Etats, étaient eux-mêmes réformés.

La noblesse avait d'autres privilèges que celui d'être représentée aux Etats; l'institution des Assises de la chevalerie était bien sa principale prérogative. Les membres de l'ancienne chevalerie exerçaient aux Assises un pouvoir judiciaire, mais eux seuls; tous les gentilshommes faisant partie de la noblesse ne siégeaient point nécessairement aux Assises. Les ducs, qui pouvaient anoblir, ne pouvaient donner entrée à ce tribunal. Pour jouir de cette prérogative, il suffisait d'être gentilhomme de nom et d'armes ou d'être pair fieffé, c'est-à-dire de posséder une noblesse immémoriale ou de descendre par les femmes de cette même noblesse et de tenir fief en Lorraine.

Il n'y eut de dérogation à ce principe que sous Charles III, en faveur des prélats du bailliage dit d'Allemagne.

Les membres des Assises étaient en effet divisés en autant de sections qu'il y avait de grands bailliages dans le duché de Lorraine (1), c'est-à-dire trois : Lorraine, Vosges, Allemagne. Les chevaliers de la section des Vosges se réunissaient tous les mois; ceux de la section d'Allemagne s'assemblaient depuis Charles III tous les deux mois. Quant à la section de Lorraine, elle se réunissait tous les mois à Nancy, rendait le plus souvent des sentences souveraines et jugeait même les litiges entre le duc et un gentilhomme. Jusqu'à Ferry III, cette juridiction avait prononcé ses arrêts en son nom; ce prince avait exigé qu'aucune décision en dernier ressort ne fût rendue sans lui avoir été communiquée et sans qu'il y eût mis son *scel et vouloir*. Mais cet assujettissement ne fut pas de longue durée.

---

(1) Dans le duché de Bar, le tribunal national s'appelait les *Grands Jours de Saint-Mihiel*.

On doit reconnaître, malgré les attaques fondées dont les Assises étaient l'objet, que les chevaliers qui y siégeaient apportaient une parfaite impartialité et une grande élévation d'esprit dans l'exercice de leurs fonctions judiciaires. Ainsi la justice y était gratuite et le plaideur ne supportait que de minimes frais d'ajournement et d'enquête. Toute personne pauvre pouvait charger un gentilhomme de défendre sa cause (1).

Les chevaliers trouvaient dans ces assemblées périodiques si fréquentes l'occasion toute naturelle de s'entretenir des intérêts généraux et faisaient parvenir leurs remontrances au souverain. Ce fut sans doute l'un des motifs pour lesquels les gentilshommes des Assises se montraient fort jaloux des prérogatives attachées à cette institution.

Les ducs reconnaissaient, en prenant possession du pouvoir, les droits, privilèges et franchises de leurs sujets et juraient de les observer. Charles III avait pris cet engagement, et comme plusieurs de ses prédécesseurs, avait même signé des lettres patentes de confirmation des privilèges de la noblesse : et cependant il avait aboli le tribunal national du Barrois, appelé les *Grands Jours de Saint-Mihiel*, et institué une Cour souveraine composée de gradués.

Charles IV avait fait le même serment et donné de semblables lettres (20 mars 1626). Mais les trente années d'occupation des armées françaises devaient porter un grand coup à l'état de choses ancien. Pas de réunion possible des Etats depuis celle de 1629. Quant aux Assises, Louis XIII les avait remplacées, le 7 septembre 1634, par un Conseil souverain. Charles IV lui-même, en 1635, rend ambulatoire la Cour de Saint-Mihiel, qui tient ses séances là où les circonstances le permettent. En 1641, il com-

---

(1) Voir sur les *Assises*, d'Haussonville, et surtout la brochure de M. Ed. Bonvalot : *Les Principales Coutumes de Lorraine*. Paris, Durand, 1878. Ce magistrat a fait précéder le texte des Coutumes de 1519 qu'il a eu le mérite de reconstituer, d'une introduction dont la lecture est pleine d'intérêt. Le coutumier de 1519 accordait une large place aux institutions judiciaires du duché ; l'auteur était donc amené à s'occuper des Assises à divers points de vue, leur composition, leur compétence, etc., et il l'a fait avec une grande netteté. Tout son travail révèle d'ailleurs une connaissance approfondie de la matière.

pose, à l'exemple de Louis XIII, une Cour souveraine qui devait connaître de toutes les causes civiles et criminelles dans les duchés de Bar et de Lorraine. Les membres de l'ancienne chevalerie se plaignent amèrement d'une mesure qui les dépouillait d'un de leurs plus précieux privilèges, demandent le rétablissement des Assises et la réunion des États, mais, devant l'invasion française, cette réclamation reste sans suite.

Ces revendications devaient être reprises en 1661, au lendemain du traité de Vincennes, mais avec une ardeur à laquelle ne s'attendait point le prince tout récemment rentré en possession de la Lorraine et du Barrois. Rien cependant ne paraissait plus naturel que le désir des chevaliers de reprendre leurs privilèges en exigeant de lui le renouvellement de son serment. Le souverain, pendant une longue période d'années remplies d'épreuves de tout genre, notamment de guerres presque incessantes, avait trouvé la noblesse toujours dévouée, toujours à ses côtés au premier appel, toujours prête à le suivre dans toutes les expéditions qu'il jugeait à propos d'entreprendre. Tant de fidélité l'autorisait à compter que la reconnaissance des droits des compagnons d'armes du duc serait la conséquence de la bonne fortune qui lui rendait sa couronne.

Mais Charles IV ne voulait point souffrir le rétablissement des Assises ; il n'entendait pas même convoquer les États. Du reste, c'est sur le premier point que la noblesse paraît avoir tout particulièrement insisté.

Aussi accourut-il de Paris à Bar à la première nouvelle des manifestations qui se produisirent à Liverdun. Il obtint contre les principaux promoteurs du mouvement des mesures violentes de la Cour souveraine, dont il venait d'installer une chambre à Saint-Mihiel et une autre à Saint-Nicolas, sans cependant décourager ses adversaires.

Plus tard, cédant surtout à un sentiment de haine contre son neveu, auquel la couronne devait échoir à sa mort, puisque luimême n'avait point d'enfant de Nicole, Charles IV avait, par le traité de Montmartre (6 février 1662), reconnu Louis XIV comme héritier de ses Etats moyennant la déclaration qu'à défaut de la maison de Bourbon celle de Lorraine succéderait au trône de France ; la place de Marsal devait être aussi remise en dépôt au roi.

Cette étrange conduite avait profondément mécontenté son peuple et donné plus d'autorité aux demandes réitérées de la chevalerie.

L'occasion était trop favorable aux visées persistantes du roi de France sur la Lorraine pour qu'il n'encourageât point ces résistances. Aussi, se sentant vivement pressé de toutes parts, Charles affirmait que la suppression des Assises était loin de sa pensée : il n'avait eu qu'un but, c'était d'apporter à cette institution des réformes devenues indispensables. Le terrain de la lutte changé, les chevaliers s'efforcent d'arriver à donner satisfaction à leur souverain. Ils se réunissent à Jarville, puis deux fois à Pont-à-Mousson et nomment des syndics pour défendre leurs intérêts. La deuxième députation (7 février 1663) qui se rendit près du duc se composait de neuf gentilshommes choisis avec soin, notamment du sieur de Bouzey, gouverneur du comté de Saarwerden et déjà chargé de plusieurs missions par son souverain. Un accueil bienveillant lui fut fait, et des conseillers d'Etat furent autorisés à entrer en conférence avec elle au bourg de Saint-Nicolas. Mais ces pourparlers ne donnèrent point de résultat ; on ne put pas s'entendre.

A bien des titres, l'histoire de cette époque décisive pour les libertés de la Lorraine piquerait notre curiosité ; nous aimerions à pouvoir la faire revivre au moyen de documents certains, dire exactement quelles étaient les prétentions de la noblesse, et rapporter avec détails les discussions qui eurent lieu dans ces diverses assemblées. Mais ces renseignements nous font défaut, car les rois de France, dans la naturelle préoccupation de leur autorité sur une province conquise, et les ducs de Lorraine, par une défiance mal entendue de souvenirs qu'ils auraient dû au contraire réveiller, exigeront des historiens de ne parler que fort peu des anciennes libertés du pays.

Nous ne doutons pas que le nom de Guyot n'ait été mêlé à un titre quelconque aux débats que nous venons de retracer rapidement, soit que le doyen ait été seulement consulté par Charles IV, soit qu'il ait été l'un de ses représentants aux conférences. Dans diverses circonstances il avait été chargé de missions politiques; les fonctions qu'il remplissait à la Faculté de droit le rendaient tout particulièrement apte à étudier les modifications à apporter à l'ancienne institution des Assises pour en faire disparaître les abus et l'approprier aux besoins d'une époque où l'instruction avait fait déjà de grands progrès et où la population désirait avoir pour juges des hommes habitués aux affaires.

Guyot ne fut point, il est vrai, du nombre des commissaires envoyés à Saint-Nicolas pour conférer avec les syndics des chevaliers; mais le sieur de Bouzey, nous l'avons dit, avait joué un rôle actif dans les réunions qui avaient eu lieu à Pont-à-Mousson où résidait précisément Guyot; tous deux avaient précédemment eu des marques de la confiance de leur prince qui les avait envoyés en mission; quelques mois plus tard, tous deux partiront ensemble pour la diète de Ratisbonne, défendre la même cause. Tout porte à croire que, lors des revendications dont il s'agit, des communications d'un caractère officiel ou non avaient rapproché ces deux personnages.

De quel côté était la vérité au milieu de ces prétentions opposées? La noblesse était-elle fondée à insister pour rentrer en possession de ses privilèges, notamment pour faire rétablir les Assises? ou bien le souverain faisait-il preuve de sagesse en résistant à toutes les demandes qui lui étaient adressées?

L'institution était évidemment surannée, contraire aux tendances de l'époque, condamnée par les progrès de la société. D'ailleurs le nombre des familles ayant droit d'y siéger était devenu fort restreint, insuffisant, et les procès traînaient en longueur. Mais il n'était pas impossible de la réformer, et de laisser de larges prérogatives à la noblesse; d'autre part, aucune raison sérieuse ne pouvait être opposée à la réunion des Etats.

Charles, d'ailleurs, ne pouvait guère se méprendre sur ce que sa situation avait de grave vis-à-vis la France ; en fait il était à la merci de Louis XIV. La Lorraine, on le sait, n'a point de frontières naturelles à l'ouest ; toutes les places fortes, sauf Marsal, avaient été successivement rasées ou cédées. Les fortifications de Nancy, après avoir été longtemps respectées en dépit des traités, avaient été elles-mêmes démolies en 1662. Les revenus de la Lorraine avaient été saisis par le roi.

Le seul moyen pour le duc de Lorraine d'essayer de résister eût été, ce semble, de s'appuyer sur les différentes classes de la population, en conservant autant que possible à chacune les avantages qu'elles trouvaient dans d'anciennes institutions et libertés dont elles n'auraient plus joui si la Lorraine eût été conquise par la France. Il eût fallu encourager le patriotisme de ce petit peuple en lui laissant son caractère propre.

Ne comprenant pas la nécessité de cette politique, Charles était du moins revenu à son espérance d'intéresser l'Allemagne au sort de la Lorraine, espérance si souvent déçue.

Charles et son frère avaient, depuis le traité de Montmartre, écrit dans ce but à plusieurs membres du Corps germanique. La diète était réunie à Ratisbonne depuis le 20 janvier 1663. Charles pensa qu'une démarche faite cette fois au nom des Etats en même temps qu'en son propre nom, constituant une protestation nationale, attirerait vivement l'attention de l'Allemagne et gagnerait sa cause.

L'occasion était belle pour la noblesse réunie à Saint-Nicolas de signaler le peu de logique qu'il y avait de la part du prince à refuser la restitution des droits, privilèges et libertés qui étaient revendiqués, tandis qu'il voulait s'appuyer sur les vœux de tout son peuple pour convaincre le Corps germanique. Cependant le patriotisme parla plus haut que le ressentiment. Les gentilshommes firent bon accueil à cette singulière ouverture et nommèrent quatre d'entre eux pour les représenter. Tout porte à croire que le sieur de Bouzey fut l'un des élus. Cet exemple de modération fut suivi par le clergé et le tiers-état, qui

choisirent aussi chacun quatre députés (mai 1663). Cette manifestation ne produisit pas le résultat attendu. L'Allemagne était
alors sous le coup d'événements faits pour la frapper de terreur :
les Turcs venaient d'envahir la Transylvanie et une partie de la
Hongrie.

Après l'invasion de l'armée française conduite par Louis XIV
qui se fait livrer Marsal (septembre 1663), mais consent à remettre
en vigueur le traité de Vincennes, la Lorraine n'est pas en fait
moins exposée que précédemment ; les acclamations recueillies
par Charles à son entrée solennelle à Nancy, ni le silence de la
chevalerie qui se voit refuser le rétablissement des Assises, ne
pouvaient véritablement suffire à le rassurer. Aussi lui semble-t-il
plus nécessaire que jamais d'arracher au Corps germanique l'appui
dont il a besoin. Il lui enverra des députés.

Charles choisit le sieur de Bouzey pour cette mission en lui
adjoignant le doyen Guyot. Comme on l'a vu, le sieur de Bouzey
avait récemment pris la défense des intérêts des chevaliers, et il
semble que ce gentilhomme n'aurait pas dû inspirer de confiance
au souverain ; mais celui-ci avait pris le parti d'oublier ces débats
et de chercher même à employer les services de ses adversaires
de la veille. D'ailleurs, si le sieur de Bouzey avait été l'un des
députés de la noblesse envoyés à la diète de Ratisbonne et qu'il
eût apporté tous ses soins à remplir les vues du prince lors de la
manifestation nationale à laquelle les Etats prenaient part, pourquoi Charles ne lui aurait-il pas rendu sa confiance ? Une considération particulière avait dû déterminer son choix : on devait,
à la diète, s'occuper du comté de Saarwerden dont le sieur de
Bouzey était le gouverneur.

Quant à Guyot, les services qu'il avait rendus au souverain
dans toutes ses missions, son séjour de dix années passées en
Bavière dans une situation qui l'avait certainement mis en rapport
avec de grands personnages qu'il rencontrerait à Ratisbonne,
enfin ses connaissances en droit, son habitude de la parole en
public, offraient des garanties trop grandes pour que Charles ait
pu les négliger. Les séances de la diète devaient être longues et

nombreuses ; Charles décida que le sieur de Bouzey occuperait la plus honorable et serait remplacé durant les autres par le docteur Guyot.

Nous avons à notre disposition trois documents inédits qui nous renseignent sur le but que poursuivait le souverain. Ils appartiennent aux archives de la Meurthe. Ce ne sont que des copies faites à une époque et dans des conditions que nous rechercherions vainement. Mais pour qui les a lues avec soin, et en a rapproché les idées et les termes, elles ne sauraient être suspectes (1).

La première pièce est la procuration donnée par le prince. Elle est rédigée en latin et porte en toutes lettres sa date. Elle accréditait le sieur de Bouzey, lui donnait le droit de substitution et devait être remise entre les mains de l'un des directeurs de la diète. Elle ne contenait donc que des énonciations qui ne pouvaient avoir rien de confidentiel.

La seconde pièce est rédigée en français. Bien qu'elle ne porte aucune date, elle a été rédigée évidemment le 22 novembre comme la procuration, puisqu'elle contient l'indication des premières démarches qui devaient être faites dès l'arrivée à Ratisbonne et qu'il y a d'autre part une instruction donnée le lendemain.

La troisième contient cette instruction du 23 novembre également rédigée en français.

Les trois documents dont il s'agit durent être les seuls remis avant le départ pour Ratisbonne. Ils s'expliquaient en effet sur tous les points intéressant la Lorraine et qui devaient être l'objet des délibérations de la diète.

On donne le nom de diète aux assemblées nationales ou états dans plusieurs contrées de l'Europe et spécialement en Allemagne. A l'époque dont nous nous occupons, la diète d'Allemagne comprenait trois collèges: celui des électeurs, celui des princes et celui des villes impériales.

---

(1) Voir aux *Notes*, L'existence du registre des lettres patentes, 1622-1668 B. 94, nous avait été signalée par l'obligeance toujours empressée de M. le conseiller Bouvalot.

L'Empereur la convoquait après avoir consulté les électeurs sur l'opportunité de la mesure, sur l'époque et le lieu qu'il convenait de choisir. Ordinairement il désignait une ville impériale. Les électeurs et les princes y assistaient en personne ou par députés. Ce qui concernait la tenue de la diète, le cérémonial, les droits et devoirs de chacun, tout, jusqu'au moindre détail, était prévu par les règlements ou arrêté par la tradition. Ainsi les députés demeuraient dans des appartements qui leur étaient désignés par les lieutenants du maréchal de l'Empire ; et sitôt leur installation, devaient faire présenter leur pouvoir au commissaire de l'électeur de Mayence et faire des visites déterminées.

Les diètes se réunissaient à Ratisbonne, à l'hôtel de ville et on s'y rendait en cortège en passant par l'église. Lors de la diète de 1652-1653 (1), l'empereur Ferdinand III voulut paraître dans ce cortège, quoiqu'il eût la goutte ; il se fit porter en chaise ; tous les autres personnages étaient à pied et dans un ordre fixé d'avance. Les députés des princes occupaient le septième rang. L'Empereur présidait la diète en personne ou envoyait un commissaire pour le remplacer. Les degrés des sièges variaient selon la dignité des membres de la diète ; le siège des princes était placé au-dessus d'un seul degré ; le drap qui recouvrait leurs bancs était de couleur verte. Chaque collège délibérait à part sur le sujet proposé, puis les trois collèges prenaient jour pour se communiquer leurs avis. S'ils tombaient d'accord, la décision approuvée avait force légale sous le nom de *Recès*.

Parmi les documents qui réglementaient la constitution de l'Empire se trouvait le traité de Wesphalie dont voici en résumé les principales dispositions : 1° Tout Etat immédiat d'Empire a chez lui la supériorité territoriale.

2° La supériorité territoriale s'étend sur l'ecclésiastique comme sur le civil et le temporel.

---

(1) C'est à la diète de 1653-1654 que Etel-Frédéric, prince de Hohenzollern, fut admis au collège des princes par l'empereur Ferdinand III. Sa fille épousa en 1661 le comte de la Tour-d'Auvergne.

3° Tout Etat immédiat a séance et suffrage à la diète : nulle loi ou interprétation de loi, nulle déclaration de guerre d'Empire, nulle paix ou alliance d'Empire, nulle taxe, levée, construction de forts, etc., ne peut avoir lieu sans le consentement des co-Etats réunis en diète.

4° Les villes impériales jouissent des mêmes privilèges.

Dès que le grand visir eut ordre d'entrer en Hongrie avec une puissante armée, l'empereur Léopold avait fait savoir à tous les princes de l'Empire qu'ils eussent à lui envoyer des troupes et de l'argent. Ceux-ci avaient de leur côté demandé que l'on convoquât une diète générale pour régler ce qu'ils devaient fournir, et l'Empereur s'était vu dans la nécessité de l'indiquer.

L'archevêque de Salzbourg présidait la diète de Ratisbonne en qualité de premier commissaire de l'Empereur, et le chancelier de l'assemblée avait proposé les articles sur lesquels on devait délibérer. Il s'agissait de mettre l'Empire à couvert des entreprises des Turcs, de faire observer exactement le traité de Westphalie et de régler ce qu'on n'avait pu terminer à la dernière diète.

Avant de prendre séance à la diète, les envoyés de Charles devaient, nous le savons, se présenter devant le commissaire de l'électeur de Mayence, qui avait charge de vérifier la procuration de tous les députés.

C'est donc avec ce personnage que le sieur de Bouzey et le docteur Guyot devaient débattre tout d'abord la question préliminaire du titre auquel Charles entendait se faire représenter à la diète. Voici quelle était la situation de la Lorraine vis-à-vis de l'Empire ; nous verrons également la manière dont Charles la comprenait.

Jusqu'alors Charles avait été impuissant à intéresser le Corps germanique à sa cause. A plusieurs reprises, on le sait, et notamment dans les conférences qui avaient précédé le traité de Westphalie, certains princes d'Allemagne avaient dissuadé le Corps germanique d'intervenir entre la France et Charles pour faire rentrer celui-ci dans ses Etats. Ils disaient que l'Allemagne compromettrait ses intérêts généraux pour tâcher de sauver un souverain étranger ; et ils rappelaient la transaction de Nuremberg (26 août 1542).

Sous l'empereur d'Allemagne Henri III, en 1048, Gérard d'Alsace avait reçu à titre bénéficiaire la Lorraine. Quelques années après, Henri IV, à la mort de Gérard, avait décidé que le duché serait héréditaire. Ses descendants détenaient donc aussi un fief d'Empire, et devaient à chaque changement de règne demander à l'Empereur l'investiture pour les cinq étendards.

René, duc de Bar, par un mariage avec Isabelle de Lorraine, fille du duc Charles II, avait réuni sur sa tête la double couronne de Bar et de Lorraine (1420). Comme ses ancêtres depuis 1301, il reconnaissait la suzeraineté de la France pour la partie du duché qui se trouvait sur la rive gauche de la Meuse et appelée *Barrois mouvant*, et celle de l'Empire pour l'autre partie, c'est-à-dire pour le *Barrois non mouvant*.

Mais le duc Antoine profita très habilement des hostilités entre la France et l'empereur Charles-Quint pour rompre le lien de vassalité qui le rattachait à l'Allemagne. Ce fut le but et l'effet du traité de Nuremberg. En déclarant les duchés de Bar et Lorraine exempts de tous mandements, procédures et juridictions de l'Empire, Charles-Quint imposait aux ducs l'obligation de verser dans la caisse de la Chambre impériale de Spire une taxe, dite du *Landfrid*, égale aux deux tiers de celle que payait un électeur. Le Corps germanique prenait les duchés sous sa protection et se chargeait de les défendre.

Bien que mêlés fréquemment aux affaires d'Allemagne soit à cause de leurs alliances ou de leur parenté avec quelques empereurs, soit à raison de traités ou d'autres circonstances, les ducs avaient négligé, depuis la réduction du nombre des électeurs (1356), d'assister aux diètes. Après la transaction sollicitée et obtenue par Antoine, le droit d'y siéger n'avait plus sa raison d'être pour les souverains d'un pays désormais indépendant et par conséquent étranger au Corps germanique.

Cependant on était d'accord que les princes lorrains relevaient encore de l'Empire pour certains fiefs placés dans des conditions particulières, notamment les marquisats de Pont-à-Mousson, Nomeny et Hattonchâtel.

Voilà la véritable situation de Charles IV vis-à-vis l'Empire.

En fait, les ducs de Lorraine s'étaient considérés et conduits depuis 1542 comme des princes absolument séparés de l'Empire; souverains, ils usaient du droit de sceller en or.

Et cependant ce droit à la protection du Corps germanique restant lettre morte, Charles, prince à l'humeur fantasque et qui ne se piquait pas d'une logique rigoureuse, entend se placer sur un terrain nouveau; en même temps qu'il affirmera son indépendance, il affirmera aussi qu'il est resté membre du Corps germanique, qu'il a le droit en conséquence de s'y faire représenter par députés non pas seulement au titre de propriétaire du petit fief de Pont-à-Mousson et d'autres principautés, mais en qualité de souverain du Barrois et de Lorraine.

La qualité qu'il essaye de reprendre vaudra plus d'autorité à ses envoyés dans les graves débats déjà ouverts à Ratisbonne, leur permettra de disposer de plusieurs voix lors du vote, et lui assurera l'intervention non d'un protecteur, mais d'un suzerain qui ne pourra sous aucun prétexte échapper à l'obligation de le défendre.

En même temps le duc de Lorraine offrait sa vaillante épée pour secourir l'Allemagne contre les Turcs, et le Corps germanique, pressé par les difficiles circonstances dans lesquelles il se trouve, n'osera point la repousser et un jour sera lié par la reconnaissance des services rendus.

Dans ses instructions du 23 novembre il indique donc à ses députés les moyens à présenter pour répondre aux objections qui viendraient à être faites; moyens insoutenables mais qu'il est intéressant d'examiner parce qu'ils révèlent le singulier caractère d'un prince chez lequel la bizarrerie le disputait à l'obstination.

Charles prévoit bien gratuitement une première objection, tirée de la renonciation des ducs de Lorraine au droit de se faire représenter aux diètes, parce qu'ils auraient cessé depuis longues années d'user de ce droit. On n'aurait certainement que faire de débattre à Ratisbonne une question purement théorique, tandis que ses adversaires liraient la condamnation du prince dans la transaction de Nuremberg. Les termes de ce traité, si clairs et si nets qu'ils fussent, ne lui semblaient pas décisifs. Il veut voir dans la déclaration d'indépendance de ses Etats une simple exemption accordée par Charles-Quint de la juridiction de la Chambre impériale de Spire, parfaitement conciliable avec le vasselage. Plusieurs autres princes jouissent du même privilège, tels que le roi de Bohême, le duc de Brabant, le marquis d'Anvers et le comte de Bourgogne.

Pour lui, l'avantage obtenu par Antoine est une nouvelle dignité qui le rattachait plus étroitement à l'Empire, c'était la récompense des services rendus par les ancêtres de ce duc à l'Allemagne. Autrement il faudrait, ajoute-t-il, dire par une énorme absurdité que cette récompense serait une peine et ce bienfait une injure si ceux qui en sont honorés étaient exclus par ce moyen de la participation des droits de l'Empire.

Il était difficile de méconnaître davantage les principes et de plus abuser de la valeur des expressions dans des documents diplomatiques. Comment ! Antoine a demandé la faveur de se séparer de l'Empire, il l'a obtenue et l'un de ses descendants qualifie *d'injure* la constatation de cette indépendance !

Quel parti sérieux Charles, aux abois pour justifier ses prétentions inouïes, pouvait-il d'autre part tirer de l'obligation qui incombait à la Lorraine d'acquitter la contribution du *Landfrid* ? Ses efforts cependant se portent aussi de ce côté, et il y trouve la meilleure preuve de la vassalité qui a survécu au traité de Nuremberg.

Le montant de la contribution avait été, il est vrai, calculé sur celui de la taxe d'un électeur, et la *Landfrid* était levée pour l'entretien de la paix publique ; mais qu'importe cette base acceptée pour fixer la redevance de la Lorraine ? Il ne faut voir que le chiffre de la somme à payer : qu'importe encore le nom qu'on avait continué à lui donner après la séparation de la Lorraine et de l'Empire ?

En payant une contribution sous un nom quelconque les ducs exécutaient, et voilà tout, une des clauses du traité avantageux de Nuremberg.

Les empires ont eu de tout temps de trop grands besoins d'argent pour qu'on s'étonne de voir Charles-Quint stipuler une redevance d'Antoine.

Et comme si ce n'était pas assez de cet échafaudage d'erreurs et de subtilités destiné à s'écrouler de lui-même, Charles invoque une considération d'équité : l'Empire a droit à des secours considérables en argent de la part de la Lorraine, il lui laisse donc le droit de délibérer sur l'usage auquel ces fonds doivent être employés.

D'abord l'équité a rarement place dans les motifs du règlement des intérêts des peuples, Charles devait le savoir mieux que personne, et ici elle est hors de cause puisque précisément on n'est pas d'accord sur le titre auquel la taxe est versée par les ducs.

S'embarrassant de plus en plus dans la voie malheureuse où il s'engage, il pose des conclusions subsidiaires et demande, si on veut voir en lui un prince absolument indépendant, à être reçu membre de l'Empire.

Le Corps germanique trouverait là un accroissement de grandeur et une augmentation de ressources.

On le voit, Charles dans ses nouvelles instructions se place donc à côté de la question et oublie l'esprit et la lettre d'un traité qu'il aurait voulu effacer pour le besoin de la cause, et il affecte de prendre toutes les mesures nécessitées par l'éventualité du triomphe qu'il désire ; il indique le rang auquel il prétend, il demande le même que le duc de Savoie et au moins l'alternative avec l'Autriche, Salzbourg et Bourgogne.

Le sieur de Bouzey et le docteur Guyot s'étaient rendu compte de l'inutilité de semblables instructions du souverain et avaient bien entendu ne s'y soumettre que dans la forme.

Derrière le prince, jaloux de son autorité, et mal disposé à accepter des représentations de ses conseillers, ils voyaient la patrie menacée ; et faisant la part du caractère du maître, devaient s'attacher surtout à la partie vraiment sérieuse de la mission qui leur était donnée, notamment offrir ses services et lui préparer l'appui dont il aura besoin dans un avenir prochain.

Que se passa-t-il entre le commissaire de l'électeur de Mayence et les ministres de Charles IV ?

Il est facile de le deviner. Ce personnage ne pouvait qu'écarter leur demande. Le sieur de Bouzey et le docteur Guyot durent suivre la marche qui leur était tracée dans leurs instructions ; protester, mais prendre séance au titre agréé par le commissaire, puis en référer à leur souverain avant de porter le débat devant la diète elle-même.

Nous ne saurions aujourd'hui rapporter ce qui se passa au sein de cette assemblée, au sujet de la demande préliminaire de Charles et des autres questions qui faisaient l'objet de la mission de ses ministres.

Mais prochainement nous serons complètement renseignés : la *Société historique du Haut-Palatinat et de Ratisbonne*, attachée à l'Académie de Munich, a commencé une grande publication sous le nom de *Reichstagsacten* (Actes des diètes). Cette société a la bonne fortune de compter parmi ses membres le savant auteur de l'*Histoire des empereurs d'Allemagne*, M. de Giesebrecht, conseiller intime ; mais son travail n'est point encore arrivé à l'époque qui nous intéresse.

Le duc avait, sur l'objet principal de la réunion de la diète et qui fixait l'attention de toute l'Allemagne, donné, dans sa procuration, des assurances empreintes d'un caractère de grande sincérité. Il était résolu à apporter un concours énergique à la défense de l'Empire et à la cause de la chrétienté. Et en effet son intérêt bien entendu lui dictait ce langage et ces promesses. Pourquoi ne tint-il point parole et ne retrouvons-nous pas trace de son intervention dans la brillante campagne qui allait s'ouvrir au printemps suivant ? Peut-être la diète n'avait-elle pas reconnu au duc de Lorraine le droit de se dire membre du Corps germanique, et Charles en avait-il conservé un vif ressentiment. Mais plusieurs autres circonstances durent amener ce résultat : le collège des autres princes avait de bonne heure promis d'envoyer à l'Empereur des secours pour protéger l'Allemagne, mais les députés des villes représentèrent que les Turcs qui envahissaient les Etats héréditaires de l'Empereur n'avaient aucun dessein de déclarer la guerre au Corps germanique, et qu'il fallait attendre, pour délibérer sur cette affaire, que l'on fût informé de la vérité du bruit qui courait que l'Empereur avait fait un traité avec la Porte, auquel cas le secours que l'on demandait serait inutile. La diète fut alors partagée en deux parties, dont l'une soutenait et l'autre combattait les intérêts de la maison d'Autriche. Le temps se perdit ainsi en irrésolutions et en harangues publiques, et ce ne fut qu'après la prise de Neuhausel par les Turcs (25 septembre 1663) que les Etats se déterminèrent à secourir la Hongrie en envoyant des troupes et de l'argent.

Les électeurs de Mayence, Saxe, Brandebourg et de Bavière furent les premiers qui envoyèrent des troupes à l'Empereur. Mais leur marche fut si lente qu'elles donnèrent le temps aux Turcs de prendre des quartiers d'hiver dans la Haute-Hongrie (1). Ces divisions et cette mauvaise volonté de plusieurs membres de la diète étaient de nature à exercer de l'influence sur l'esprit du duc de Lorraine.

D'autre part le prince Charles (2) était aussi haï de son oncle que du roi de France, et chose étrange! par le même motif. Tous deux voyaient en lui avec un égal mécontentement le légitime héritier de la couronne de Lorraine. A la première nouvelle de la volonté de Louis XIV de faire le siège de Marsal, le prince Charles avait couru s'enfermer dans cette ville, la dernière place forte de Lorraine, pour essayer de la sauver. Il n'avait dû renoncer à sa résolution qu'en face de la brusque détermination de son

---

(1) Voir le P. Barre, *Histoire d'Allemagne.*
(2) Qui sera un jour Charles V.

oncle de la rendre (septembre). Cette énergie d'un soldat de vingt ans, loin de lui concilier l'affection du souverain, fut punie d'un ordre formel de quitter la Lorraine. Il s'était donc retiré définitivement à Vienne avec son père, et montré résolu de s'attacher à la personne de l'Empereur et au service de l'Empire. Bientôt il avait obtenu le commandement d'un régiment de cavalerie.

Le duc se laisse donc aller au dernier moment, par un sentiment d'inavouable jalousie, à refuser de servir la cause d'un pays qui faisait bon accueil à l'héritier de sa couronne; il renonce à des avantages personnels de peur d'en assurer aussi à son neveu. Il perd ainsi de vue son but et court le risque d'indisposer l'Empereur, dont il pourra avoir besoin dans un avenir prochain, alors qu'il lui serait si facile de répondre à son appel. Son humeur belliqueuse et son habileté comme général devaient donner à Léopold pleine confiance dans la manière vigoureuse avec laquelle il allait agir. Charles IV s'était, il est vrai, dans un précédent traité avec la France (traité de Vincennes 1661), engagé à ne point avoir d'armée, mais il ne semble pas qu'il ait pris au sérieux cette clause, car sitôt en possession de ses Etats, il s'était occupé d'appeler sous ses drapeaux ses anciens compagnons d'armes. S'il craignait de blesser Louis XIV par des levées considérables de troupes, il pouvait d'ailleurs les éviter : la marche du plus petit corps d'armée sous ses ordres eût été d'un véritable secours à l'Empire, tant la renommée des soldats lorrains était grande; à différentes époques, en effet, l'Espagne et la France avaient tenu à les prendre à leur service.

Quoi qu'il en soit des pensées du souverain, il s'abstint, et l'admirable conduite de son neveu à Saint-Gothard n'en eut que plus d'éclat. Au printemps de l'année 1664, les Turcs avaient repris leur effrayante marche en avant. Pour les repousser, l'Empereur avait envoyé toutes les troupes dont il disposait, ainsi que celles des électeurs. Ces forces étant insuffisantes, Léopold, dans son mécontentement de l'attitude d'une partie des membres du Corps germanique, s'était adressé à des princes étrangers pour en obtenir des secours; la France notamment avait donné deux mille

chevaux et quatre mille fantassins. Le 3 août les Turcs étaient
arrivés jusqu'à trente lieues de Vienne ; ils occupaient la rive droite
de la Raab, mais la veille un corps de huit mille hommes était
passé sur l'autre rive où se trouvait l'armée allemande sous le
commandement de Montecuculli. L'aile droite, vigoureusement
attaquée par les Turcs, s'était dispersée et la journée menaçait
d'être fatale à l'armée impériale quand il devient urgent d'arrêter
les progrès de l'ennemi et de donner à l'aile gauche le temps
d'arriver à son tour pour lui tenir tête. Un régiment de cavalerie était à portée ; il reçoit l'ordre de marcher ; c'était celui du
prince Charles. Il le conduisait lui-même après s'être échappé de
Vienne, où la cour avait voulu le retenir pour lui épargner les
dangers de la campagne. Le jeune colonel s'élance avec son régiment et par des charges multipliées et des plus brillantes contient
les troupes victorieuses ; lui-même, sur le point d'être frappé par
un soldat, arrache le drapeau dont celui-ci est porteur. L'infante-
rie française, placée à l'aile gauche, arrive enfin et après un combat
acharné les met en déroute. Montecuculli par de savantes manœu-
vres avait empêché le gros de l'armée ennemie de passer la
rivière et de se porter au secours du corps qui était sur la rive
gauche. La bataille était gagnée et quelques jours plus tard la
paix signée. Il n'y eut qu'une voix pour attribuer les honneurs
de la journée au jeune prince exilé, et sur le rapport du maréchal
de Lignéville, qui était à ses côtés, son oncle dut, avec un profond
regret, reconnaître que l'héritier de sa couronne était bien de sa
race et que lui aussi savait porter l'épée. Les hauts faits de Saint-
Gothard n'étaient du reste que le premier pas du jeune prince
de Lorraine dans la carrière des armes ; il devait un jour se révé-
ler l'un des plus célèbres généraux de son siècle et, dans une
circonstance non moins critique, de concert avec Jean Sobieski,
sauver une seconde fois l'Empire en 1683. L'Empereur et la
famille impériale n'attendent point de nouveaux triomphes pour
lui faire sentir les effets de leur reconnaissance. Nommé de suite
général de la cavalerie impériale, gratifié d'une pension considérable, il devait bientôt devenir l'époux de l'archiduchesse Eléonore,

sœur de l'empereur Léopold. Le souvenir des immenses services rendus par Charles V pendant toute sa carrière ne fut certainement pas étranger au choix qui devait rendre plus tard le duc François, son petit-fils, l'époux de l'intrépide Marie-Thérèse et faire ainsi asseoir les princes de Lorraine sur le trône d'Autriche.

Deux questions avaient fait encore l'objet des instructions de Charles IV à ses envoyés à la diète de Ratisbonne. Mais celles-ci étaient de moindre importance. L'une concernait les villes de Hombourg et Landstoul ; l'autre le comté de Saarwerden (1).

Hombourg, qui dépendait des Etats de la maison de Nassau, et Landstoul, qui appartenait à l'électeur palatin, avaient été confiées par l'empereur Ferdinand III à Charles IV et lui avaient été laissées depuis la paix de Munster comme garantie du remboursement des sommes que celui-ci avait employées pour le service des armées impériales.

Le comté de Saarwerden avait donné lieu à un procès de cent années entre les ducs de Lorraine et les comtes de Nassau. Ce procès avait été jugé le 7 juillet 1629 par la Chambre impériale de Spire et le comté attribué au duc de Lorraine, qui l'occupait encore en 1663.

Cependant bien des fois le Corps germanique avait été saisi de demandes relatives à ces villes et comté. Ainsi à la diète de Ratisbonne, en 1653, divers princes avaient réclamé instamment l'évacuation par les troupes lorraines des diverses places qu'elles occupaient dans leurs Etats. Le duc de Lorraine exigeait un million de richdales ; l'assemblée avait trouvé ce chiffre tout à fait exagéré, et avait offert deux cent mille richdales payables en trois termes. Pendant le cours de ces délibérations, Charles IV ravageait l'Alsace et la Westphalie, et dans le dessein d'obliger le Corps germanique à défendre ses intérêts contre la France, il refusait de restituer les villes où il avait des garnisons. Mais appre-

---

(1) Les villes de Landstoul et Hombourg sont situées entre la rivière de la Saarre et le Rhin, entre Kaiserslautern et Saarbruck. Le comté de Saarwerden est traversé par la Saarre ; Saarwerden est au sud-ouest de Bitche.

nant que les électeurs de Cologne et de Brandebourg faisaient des levées et que, ligués avec le cercle de Westphalie, ils pourraient le contraindre à se retirer, il écrivit à son ministre de composer avec les princes et les villes. On convint de lui donner en trois termes trois cent mille richdales, et l'Empereur en promit cent mille autres, à la condition que les Lorrains évacueraient aussi quelques châteaux. Cette transaction n'avait pas été exécutée, parce que l'électeur palatin et celui de Brandebourg et les villes libres avaient refusé de contribuer à la somme promise au duc. Ils s'étaient excusés sur les dépenses qu'ils avaient faites dans la dernière guerre et avaient soutenu que l'Empereur s'était engagé par le traité de Munster à employer sa seule autorité pour obliger les Lorrains à abandonner les territoires qu'ils occupaient en dehors du Barrois et de la Lorraine.

En 1655, Nicole, cherchant à intéresser l'Empereur et les membres de l'Empire au sort de son époux prisonnier à Tolède, avait offert l'évacuation de quelques places, notamment de Hombourg et de Landstoul, moyennant une certaine indemnité pécuniaire ; mais cette princesse était morte en 1657 sans que ces négociations eussent pu être menées à leur terme.

Plus tard Beaulieu s'était rendu à la diète de Francfort dans le même but, et on lui avait répondu que la première condition à remplir pour avoir chance d'obtenir une démarche était de rendre les places de la frontière parce que la présence des garnisons lorraines inquiétait divers princes allemands.

En mars 1663, le comte de Nassau-Saarbruck avait cherché l'appui de Louis XIV et un traité était intervenu entre eux. Les parties contractantes affirmaient que c'était sans droit que Charles IV retenait la place de Hombourg qui appartenait au duc de Nassau. Ce prince déclarait avoir recours au roi de France pour se la faire restituer ainsi que d'autres biens, en conformité du traité de Westphalie ; et Louis XIV recevait sous sa protection tout le comté de Saarbruck (y compris celui de Saarwerden), le château de Hombourg, etc., et devait les garder et les défendre contre qui que ce fût.

Et cependant, en novembre suivant, les troupes lorraines occupaient encore Hombourg, Landstoul et le comté de Saarwerden.
Charles IV avait donné à ses envoyés à la diète de Ratisbonne
l'ordre d'annoncer qu'il est prêt à restituer les deux places, mais,
outre le remboursement des sommes primitivement avancées par
lui, il voulait avoir paiement des frais occasionnés par la subsistance des garnisons.

Quant au comté de Saarwerden, Charles faisait remarquer que
la Cour impériale de Spire ayant statué, c'est encore à elle à
régler les difficultés qui pourraient être soulevées. Il ne craint
point d'ailleurs de se présenter de nouveau devant cette juridiction, car elle devrait alors procéder à la taxe et à la liquidation des fruits perçus indûment par les comtes de Nassau pendant
les cent années qu'avait duré le procès, et à celles des dépens et
dommages-intérêts : la Chambre eût été en effet compétente
malgré l'exemption de juridiction résultant du traité de Nuremberg, puisqu'elle avait été saisie du procès avant 1542. Nous
l'avons dit, les débats qui, à la diète de Ratisbonne, durent
porter sur ces questions secondaires, ne nous sont pas plus connus
que ceux qui concernaient l'affaire principale, et nous attendons
sur ce point aussi les révélations qui sortiront du grand travail de
la *Société historique* de Munich. Il est toutefois certain que la diète
se sépara sans avoir rien terminé. En effet, le château de Landstoul
devait être enlevé par surprise sur les troupes lorraines dans la
campagne de 1668 et rasé ainsi que ceux de Hoheneck, Fal-
keinstein et Vilviller, dont le voisinage inquiétait aussi l'électeur
palatin.

Le comté de Saarwerden fut l'année suivante l'objet de nouveaux débats devant la diète de Ratisbonne. Le comte de Nassau
renouvela sa demande de restitution qui fut naturellement
appuyée par Louis XIV, qui s'était fait, on l'a vu, son protecteur,
et cherchait par tous les moyens possibles à affaiblir le duc de
Lorraine. La diète s'arrêta à une mesure provisoire; elle obligea
celui-ci à remettre au comte de Nassau plusieurs villages de la
dépendance du comté de Saarwerden et à s'en tenir aux villes

et villages énoncés dans l'arrêt de la Chambre de Spire de 1629, jusqu'à ce que les arbitres, nommés pour juger l'affaire au fond, eussent rendu leur sentence. — En 1672, Louis XIV avait permis au comte de Nassau d'envahir le comté de Saarwerden, mais quelques années après, le roi le lui reprit.

Quant à la place de Hombourg, une garnison lorraine l'occupait encore quelques années plus tard, quand Louis XIV envahit toute la Lorraine. C'est par erreur que le P. Barre, dans son *Histoire d'Allemagne*, avance que le château avait été enlevé en même temps que celui de Landstoul en 1668. Comme il a été dit plus haut, Hoheneck, aussi appelé Heimburg, avait été pris sur les Lorrains : la similitude de nom avait sans doute induit cet historien en erreur. Mais il fallut que Charles IV remit la place de Hombourg entre les mains de l'électeur de Trèves, sous la promesse néanmoins qu'elle lui serait rendue, si dans le délai d'une année, l'Empereur ne payait pas l'indemnité convenue pour la restitution. Enfin la Chambre royale établie à Metz en 1679, sous le prétexte de rechercher les usurpations commises par les ducs de Lorraine sur le temporel des Trois-Evêchés, réunit Hombourg à la France.

En face de ces résultats postérieurs à 1663, pourrait-on s'arrêter à une pensée de blâme contre les envoyés de Charles et leur reprocher d'avoir mal défendu les intérêts de ce prince? Non certainement. D'abord il est possible que la diète n'ait point écouté les instances de l'électeur palatin et du comte de Nassau-Saarbruck, et que préoccupée à bon droit de la marche effrayante des Turcs, elle ait systématiquement écarté toute autre question. Mais le débat eût-il été autorisé par le Corps germanique, qu'il est facile de comprendre qu'il n'ait pas pris une décision définitive. Le temps n'était point aux discussions de comptes et de chiffres; il ne l'était pas davantage aux demandes d'argent, puisque les préparatifs de la défense de l'Empire absorbaient toutes les ressources.

Enfin faut-il le dire ? les exigences de Charles étaient démesurées. Déjà, on s'en souvient, en 1653 il avait accepté une indemnité égale au tiers du chiffre auquel il l'avait fixée en premier lieu.

Cette fois sa situation s'est aggravée puisque Louis XIV s'est joint à ses adversaires, c'est le cas de diminuer ses prétentions, s'il veut traiter. Au contraire, l'instruction du 22 novembre 1663 contient l'ordre de réclamer, outre le remboursement des sommes avancées à l'Empire, toutes celles qui ont été dépensées depuis l'occupation pour la subsistance de la garnison.

En ce qui regarde le comté de Saarwerden, c'est encore la même faute commise par le duc de Lorraine, qui paraît oublier qu'un procès qui a duré cent années devant la Chambre impériale de Spire ne saurait être assimilé à un petit procès qui divise de simples particuliers.

En résumé, si le débat a eu lieu devant la diète, tout ce que les envoyés du duc de Lorraine pouvaient raisonnablement désirer, c'était le *statu quo*, en attendant des circonstances plus favorables et des dispositions plus conciliantes de leur souverain. Faut-il ajouter que la malheureuse politique que Charles suivit plus tard devait largement contribuer aux déceptions qui lui étaient réservées ?

Le doyen Guyot, quand la mission à laquelle il a pris part devant la diète de Ratisbonne est terminée, revient à Pont-à-Mousson avec le sentiment du devoir accompli vis-à-vis sa patrie et avec l'espérance d'y passer tranquillement le reste d'une carrière dont la première partie avait été si traversée. Mais il n'était pas destiné à trouver beaucoup plus de calme dans les modestes fonctions qu'il allait reprendre que dans celles qui l'avaient mêlé à la vie politique.

Quelques années remplies par des guerres tout à fait inutiles devaient à peine s'écouler avant que Charles IV quittât précipitamment ses Etats envahis (1670) par Louis XIV. Et puis cette occupation française se continuera jusqu'à la mort de Guyot, c'est-à-dire pendant les dernières années de Charles IV (1675) et durant les premières du règne purement nominal de l'héroïque Charles V. On le voit, c'était pour la Lorraine et pour la Faculté de droit un retour aux souffrances et aux épreuves de la période précédente, cependant il faut le reconnaître, avec une différence dans la mesure.

Dans la triste situation qui leur était faite, les trois professeurs Guyot, Hordal et Lavocat, firent tous leurs efforts pour lutter avantageusement contre les difficultés de chaque jour. Nous ne saurions les rappeler toutes, car elles ne sont guère de celles que l'histoire relève et dont elle garde le souvenir.

Le désordre des finances de l'Etat dut amener souvent la suspension et même la suppression des gages des doyen et professeurs. Le chiffre n'en était pas élevé et variait pour chacun d'eux selon le bon plaisir du prince. Ainsi en 1577 Guillaume Barclay, nous le savons, voyait ses gages fixés à 1,200 francs ; quand ce professeur fut pourvu du décanat, ils furent élevés à 2,000 francs ; ceux du doyen Blaise Jacquot étaient de 3,000 francs. Quant aux professeurs en fonction à la date de janvier 1628, Christophorin, vice-doyen, Guinet, Jacquesse et Hordal, les deux premiers touchaient 1,000 francs chacun, et les deux derniers 750 francs. Par une décision spéciale et limitée à la durée de la vacance du décanat, le duc consentit à ce que, sur les gages ordinaires attribués au doyen, il serait prélevé dans des proportions inégales 1,300 francs au profit de ces professeurs.

Nous ne pouvons point indiquer la somme à laquelle avait droit Guyot.

Le nombre des élèves étant fort restreint, les droits divers qu'ils acquittaient, pour les grades notamment, ne constituaient que des ressources insuffisantes. Le tarif de 1587 était inférieur à celui que devait édicter le duc Léopold en 1699. Les étudiants ne payaient que deux écus d'or au soleil, pour le baccalauréat, dix pour la licence et vingt pour le doctorat.

L'exemption d'impôts dont jouissaient les professeurs devenait une rémunération indirecte et nécessaire. La bulle de Grégoire XIII assurait en effet aux divers membres de l'Université de Pont-à-Mousson, les avantages accordés aux Universités de Paris et de Bologne.

Charles III, dans son règlement du 27 mars 1582, avait reconnu aux professeurs de droit les mêmes exemptions qu'aux autres membres de l'Université, c'est-à-dire « exemptions, libertés

et immunités de toutes tailles, subsides, impositions, aides tant
généraux que particuliers, ordinaires et extraordinaires. »

L'application de nouvelles taxes ayant donné lieu à des difficultés, le même duc avait déclaré que les professeurs n'y étaient
point soumis, et il ajoute qu'il ne veut pas « qu'eux ni leurs
successeurs ne soient en façon que ce soit compris ès ordonnances ci-devant faites et qui le seront ci-après pour la contribution, etc. »

Le 19 mars 1667, Charles IV rendit un décret d'affranchisse-
ment pour les professeurs de droit et de médecine de l'impôt sur
les vins de leur crû qu'ils vendaient en détail : cette faveur ne
devait avoir d'effet qu'à la fin du bail du fermier.

Un peu plus tard (14 août 1667), le même duc affranchissait
les mêmes professeurs de l'impôt établi sur la mouture des
grains.

La Faculté de droit avait aussi des prérogatives toutes d'honneur, et se faisait un devoir de ne pas les abandonner. Elle avait
sa place dans toutes les assemblées publiques.

Comme les autres Facultés, elle avait rang et séance avant
toute personne de la ville de Pont-à-Mousson, même avant le
lieutenant général et les autres officiers du bailliage, pourvu que
trois membres fussent présents. (Décret du 9 juillet 1662. — Arrêt
de la Cour souveraine du 23 juin 1662.)

Elle prenait part aussi à la procession du Saint-Sacrement, avec
le reste de l'Université, et un arrêt de la Cour souveraine du
23 mai 1663, pour prévenir les difficultés qui pourraient naître
au sujet de la marche de cette procession entre le corps de
l'Université, le bailliage, le corps de ville, les prévôt, gruyer, rece-
veurs et contrôleurs, avait ordonné par provision que ladite
Université marcherait la première.

Les doyen et professeurs étaient précédés de leurs bedeaux,
des licenciés en droit et des docteurs non professeurs, et avaient
leur place entre la Faculté de médecine et la Faculté de théologie.

Ils étaient revêtus de tuniques nouées en satin rouge avec

l'épomide de même couleur ; le doyen était distingué par un galon d'or qui bordait l'épomide ; ils portaient tous le bonnet carré avec une touffe de soie écarlate et violette.

Ces cérémonies, processions ou assemblées, ne pouvaient plus, on le comprend, être régulières et fréquentes comme à l'époque où l'Université n'était point encore troublée par les événements politiques.

Toutefois, quand Charles IV passa, le 3 septembre 1663, à Pont-à-Mousson, en revenant de Metz visiter Louis XIV, avec lequel venait d'être signé le traité dit de Marsal, l'Université, s'associant aux espérances de tous, alla attendre le souverain aux portes de la ville pour le saluer, tandis que le maître échevin et les autres officiers de justice les avaient franchies et s'étaient avancés jusqu'à une certaine distance au-devant de lui. La Cour souveraine, qui siégeait alors à Pont-à-Mousson, alla le complimenter au château. Charles voulut donner une preuve d'intérêt aux Jésuites en consentant à coucher dans leur établissement. Ce prince y étant revenu le 2 décembre 1665 avec Marie-Louise d'Apremont, qu'il venait d'épouser en secondes noces, les officiers de justice, la noblesse et le clergé allèrent au-devant d'eux jusqu'à une croix de pierre qui était à quelque distance de la ville, et l'Université les attendit et les complimenta en dehors des portes. Le lendemain elle présenta à la duchesse une croix de Lorraine, posée sur un manteau ducal, surmontée d'une couronne du même ordre, supportée par deux aigles, le tout en or et ornée de diamants. Le 5, elle fit jouer devant le duc et la duchesse une comédie intitulée le mariage de Mars et de Minerve.

L'église Saint-Laurent donnait une place d'honneur aux membres de la Faculté de droit. Les cours se faisaient, on le sait, depuis Pierre Grégoire, sur la rive gauche de la Moselle et dans un quartier de la ville très rapproché de cette église ; et l'école dépendait de cette paroisse.

Le banc qui leur était réservé était installé du côté de l'évangile.

En 1670, la ville de Pont-à-Mousson fut troublée par un événement étrange. Louis XIV venait d'arracher à Charles IV un ordre de licenciement des troupes lorraines en même temps que lui-même réunissait, sur la frontière du duché de Bar, un corps d'armée d'une certaine importance. Il voulait, avant de commencer contre les Hollandais une guerre qui pouvait, dans sa pensée, amener une guerre générale, être définitivement maître de ce duché et de la Lorraine qu'il s'efforçait depuis si longtemps de s'approprier. Toujours le puissant monarque avait échoué, malgré les fautes du duc, tant le droit du souverain de ces petits Etats lui imposait. Un moyen lui paraissait devoir cette fois triompher de tout obstacle. Il renouvellera la tentative de Richelieu et tâchera de s'emparer de la personne même du souverain.

L'histoire n'enregistre que rarement de semblables atteintes au droit du chef d'un pays ; la cour de France avait, bien peu d'années auparavant, flétri par la voix de Mazarin la coupable conduite du roi d'Espagne qui avait traîtreusement fait arrêter Charles IV et retenir en prison pendant cinq années. Ce blâme, certainement présent à l'esprit de Louis XIV, ne devait pas le faire réfléchir à l'odieux d'un semblable procédé. Il trouva un personnage disposé à exécuter cette mauvaise action dans la capitale et dans le palais même du duc. L'entreprise échoua par des circonstances purement fortuites, et Charles IV put quitter ses Etats dans lesquels il ne devait plus rentrer. L'acharnement de la poursuite dépassa toutes les bornes. Les investigations et les recherches furent continuées même dans la ville de Pont-à-Mousson, où la jeune duchesse prenait les eaux avec un petit nombre de personnes de la cour. Ses appartements furent visités et fouillés, et dans le dépit causé par la fuite du duc, on arrêta une partie de la suite de la duchesse.

L'invasion de toute la Lorraine avait lieu immédiatement après, et le maréchal de Créqui était chargé de compléter ainsi la triste mission du comte de Fourille. Pont-à-Mousson fut occupée comme les autres villes.

Dix années s'étaient écoulées depuis la dernière invasion française sans que l'Université eût à faire un acte public d'obéissance au gouvernement nouveau, quand le procureur général près le Parlement en convoqua les membres à Metz pour prêter foi et hommage au roi. La Faculté de droit dut répondre à cette injonction formelle comme le reste de l'Université, et le procès-verbal, rédigé le 5 avril 1681, porte les signatures Hordal, Guyot et Lavocat.

Mais les jurisconsultes avaient été blessés dans leurs sentiments intimes et leur patriotisme. Une occasion de manifester leur irritation leur fut bientôt offerte ; ils ne la laissèrent point échapper. La quatrième chaire vacante depuis si longtemps, avait été donnée, le 26 mai suivant, à Mouret, prêtre et docteur en droit : en juin il avait été appelé aussi à Metz en la Grand'-Chambre du Parlement et avait prêté serment de ne rien enseigner contre la religion catholique et les libertés de l'Eglise gallicane, puis en juillet il avait été mis en possession de sa chaire après avoir exhibé au doyen les lettres-patentes du roi, scellées du grand sceau en cire jaune, ensemble l'avis d'entérinement au Parlement. Mais le procès-verbal d'installation de Mouret consigné au registre de la Faculté n'est revêtu de la signature d'aucun de ses collègues ; la rédaction est véritablement blessante pour le nouveau professeur :

« Fait en la chancellerie des Facultés dudit Pont. . . . . . . présens les officiers ès dites Facultés, savoir : le lieutenant en la Faculté du Pont, les bedeaux et sonneur, lesquels ont tous signé sur l'original écrit sur une feuille mise ès mains dudit Mouret le requérant (1). »

Nous ne trouvons point trace de conflits entre la Faculté de droit et le Recteur de l'Université ou les autres Facultés. Ainsi rien ne porte à croire que les professeurs de droit aient réveillé la vieille querelle du rectorat. Il devait être fait droit cependant

---

(1) Voyez Maggiolo.

par l'édit du 3 avril 1768 aux anciennes prétentions des membres de cette Faculté, et la dignité rendue enfin élective à Pont-à-Mousson, comme elle l'était à Paris. Mais pour arriver à ce résultat, il aura fallu deux siècles, la dissolution de l'ordre des Jésuites, et la réunion de la Lorraine à la France.

Guyot avait contribué largement par ses excellents cours à maintenir à la Faculté un niveau d'études que des événements si malheureux tendaient à faire baisser. Nous aurions voulu avoir les dictées qu'il en avait faites.

Les professeurs, en effet, apportaient leurs soins à composer un abrégé méthodique de ce qui faisait le sujet de leur enseignement et consacraient une partie de la leçon à dicter cet abrégé à leurs élèves. Mais ces dictées ne nous ont point été conservées, pas plus que les autres manuscrits émanant de lui et dans lesquels il a certainement, avec l'amour du travail que nous lui connaissons, traité diverses matières.

Les professeurs donnaient aussi des consultations. La confiance que Charles IV avait si souvent témoignée à Guyot avait dû porter ce prince à lui soumettre des questions d'une solution difficile.

Aucun de ces mémoires ne nous est resté. S'il avait laissé des enfants, ceux-ci auraient pieusement recueilli ses papiers qui seraient sans doute aujourd'hui à notre disposition.

Il avait atteint l'âge de soixante-dix ans quand la mort vint le frapper le 4 avril 1682. Tout porte à croire qu'il succomba à Pont-à-Mousson même ; mais les registres de la paroisse de Saint-Laurent ne contenant point encore à cette époque d'acte de sépulture, il n'a point été possible de s'en assurer.

A peu de distance de la rue Souchotte, qui formait le prolongement de la rue Saint-Laurent et donnait accès à l'Ecole de droit, se trouvait un couvent des sœurs de Sainte-Claire. La chapelle fut le lieu de sépulture de cinq des treize doyens de la Faculté et de deux vice-doyens. Mais Guyot préféra reposer dans l'église qui était sa paroisse, à côté du doyen Deschambres, auquel il avait succédé, et sous le banc d'honneur où il avait, durant vingt années, assisté aux offices.

Un troisième doyen, Antoine-Charles Pillement (1), déterminé sans doute par le souvenir de l'alliance de sa famille avec celle de Guyot, voulut plus tard être aussi inhumé à Saint-Laurent.

La modestie dont Nicolas Guyot avait fait si souvent preuve n'empêcha point ses collègues de veiller à ce que, sitôt après son décès, un mausolée fût placé contre la colonne qui soutient l'appui de communion du côté de l'évangile. Une courte épitaphe relatait les principaux faits de sa vie. Aujourd'hui, à l'église Saint-Laurent, il ne reste rien qui atteste l'hommage rendu à des hommes dont l'existence honnête et pieuse s'était écoulée à servir le prince et la patrie. Le voyageur rechercherait vainement la dalle qui recouvrait les trois doyens, ou le banc que tous les membres de la Faculté de droit avaient occupé pendant deux siècles, ou les mausolées destinés à perpétuer le souvenir de leurs travaux.

Les mains qui à la fin du dernier siècle ont commis ces profanations, ont respecté cependant un petit monument placé hors de l'église et dans une sorte de chapelle ménagée au nord entre deux contreforts. On y lit l'inscription suivante :

« Au pied de cette croix repose le corps du noble Didier *Georges*, vivant seigneur de Le Mud, procureur du roy au bailliage, professeur de droit municipal, qui mourut le 7 janvier 1742. »

Le P. Abram, de l'ordre des Jésuites, avait écrit dès 1650 l'histoire de l'Université de Pont-à-Mousson. L'épitaphe du doyen aurait donc été perdue si un siècle plus tard, N. Jadelot, professeur à la Faculté de médecine, n'avait pris soin de la transcrire à la suite du manuscrit du P. Abram dont il fit don à la

---

(1) Le successeur du doyen Jean Hordal III (décédé en 1695) fut Antoine-Charles Pillement, seigneur de Russeuge, qui conserva le décanat, malgré sa présence à Nancy, où il exerçait les fonctions d'avocat général près la Cour souveraine. Il ne renonça au décanat qu'en 1719 et en faveur de François Rollot, fils de sa sœur. Pillement, honoré de la dignité de conseiller à la même Cour, mourut en octobre 1721 et fut transporté de Nancy à Pont-à-Mousson, pour être inhumé dans la paroisse Saint-Laurent, sous le banc réservé aux professeurs. (Voir *l'Église des Clarisses*, p. 20 et la note.)

bibliothèque de Nancy. C'est dans ce document inédit que le savant abbé Hyver l'a trouvée ainsi que la note qui la précède. Il l'a publiée dans sa brochure *l'Eglise des Claristes de Pont-à-Mousson et la sépulture des doyens de la Faculté de droit* (1).

Voici la traduction littérale de la note et de l'épitaphe :

« Guyot, à l'épitaphe duquel il faut assigner la date de 1682, avait joui des honneurs du décanat de deux années l'une avec Jean Hordal III. Il fut inhumé avec Deschambres dans l'église paroissiale Saint-Laurent. »

D.   O.   M.

« Ici repose depuis peu de temps Nicolas Guyot, homme très illustre. A sa mort il était professeur et doyen de la Faculté de droit dans cette Université de Pont-à-Mousson.

» Après avoir rempli, pendant dix années et avec la plus complète intégrité, les fonctions très importantes de Conseiller d'Etat du sérénissime duc de Bavière Ferdinand-Marie, de mœurs douces, cet homme de cœur, peu soucieux des honneurs de la cour, abandonna spontanément cette existence brillante, il est vrai, mais toujours pleine de périls et renonça tout à fait au faste et à la société trompeuse des personnages qui entourent un souverain, pour habiter sa patrie, y être plus à Dieu et trouver plus de calme.

» Là le sérénissime duc de Lorraine Charles IV, de pieuse mémoire, prenant en considération tous ces titres, le pourvut dans cette Université des fonctions de professeur de droit et bientôt après de celles de doyen, certainement plus modestes mais plus sûres pour le salut.

---

(1) Voir aux pièces justificatives.

» Ce prince, qui en de nombreuses circonstances avait mis à l'épreuve la fidélité, l'intelligence et l'intégrité de Guyot, le chargea d'aller défendre ses intérêts à la diète de Ratisbonne.

» Il s'acquitta avec succès de ces missions, remplit toutes ses autres fonctions avec le plus grand honneur, et mourut à 70 ans, en avril de l'an 1682 de la Rédemption, dans les sentiments religieux qui l'avaient toujours animé.

» Sa mort fut une grande perte pour l'Université, qui lui donna d'unanimes regrets.

» Maintenant, voyageur, poursuis ta route, aie foi dans le repos dont il jouit déjà, ou assure-le par tes prières. »

La salle des actes à Pont-à-Mousson était ornée des portraits de plusieurs doyens, et lors de la translation de la Faculté de droit et du reste de l'Université à Nancy en 1768, peu après la réunion de la Lorraine à la France, toute la galerie fut apportée dans cette ville et déposée au palais des ducs dans la salle de la chancellerie ; parmi ces portraits on voyait celui de Guyot.

Malheureusement l'incendie du palais en 1871 détruisit, avec une partie du musée, le tableau dont nous ne connaissons ni copie ni reproduction par la gravure (1).

Guyot laissait une modeste fortune, malgré les grandes positions qu'il avait occupées. Il était naturellement bon et sa piété lui faisait un devoir de contribuer de tout son pouvoir à soulager les misères et les souffrances qu'il eut toujours sous les yeux.

Il ne laissait pas d'enfant ; de nombreux parents se partagèrent

---

(1) Le catalogue de l'ancien musée subsiste encore. M. Lucien Wiener, qui avait dirigé les secours avec un véritable dévouement lors de l'incendie et pu ainsi sauver un certain nombre d'objets d'art, veut bien encore participer à la reconstitution du nouveau. Ce conservateur s'est employé obligeamment à rechercher s'il n'existait point de copies du portrait ; qu'il veuille bien recevoir ici tous nos remerciements.

sa fortune. Un acte de vente portant la date de 1691 nous donne quelques renseignements sur sa succession. Parmi ses héritiers figure Jean Guyot, dont le père avait depuis longtemps quitté la Lorraine, comme nous le savons, pour se fixer en Franche-Comté. Jean avait habité la petite ville de Marnay où il s'était fait recevoir bourgeois (1).

Vingt ans environ après la mort du doyen, une de ses parentes, Marie-Thérèse Guyot, épousa le professeur de droit Roüot, qui devint doyen lui-même après la démission de son oncle Pillement et conseiller d'Etat.

---

(1) De cette branche descendaient le général de brigade Etienne Guyot (voir sa vie par A. Jacquinot. — Dijon, imprimerie Darantiere, 1877) et le général de division comte Claude-Etienne Guyot. (Voir sa notice biographique dans le *Panthéon de la Légion d'honneur*, vol. 4.)

NOTES ET PIÈCES JUSTIFICATIVES

EXTRAIT

Joanna filia Joannis Guyot et Philippæ Noirot conjugum de Darneyo baptizatur in die 24 7^{ber} 1632 quando de fonte susceptores fuerunt Nicolaus Guyot de Tatignicuria et Anna Cariago filia Darneyo.

PROCURATION

Carolus dei gratiâ Lotharingiæ Dux, Marchisus Dux Calabriæ Barri, etc. Dilecto nobis ac fideli Carolo de Bouzey domino de Louderbach, Champ Janon, et Comitatûs Sarwerdensis Gubernatori salutem : Cùm pro nostrâ Majorumque nostrorum Lotharingiæ ducum perpetuâ erga sacrum Imperium observantiâ et fide ejus incolumitati dignitatique tuendæ et quantum in nobis situm est ac liberum decet Imperii Principem Ducemque promovendæ consulere debeamus quemadmodum datâ ubique occasione, cum summo fortunarum nostrarum dispendio huc usque prospeximus, in idque nobis Impensius Incumbondum arbitremur urgentissimâ horum temporum necessitate, quibus infensissimus reip. Christianæ hostis imperii provincias gravissimo bello popu-

---

(1) Nous donnons cet extrait tel qu'il nous a été transmis.

latur ac premit : Cumque Initis jamdudum c... dem in finem
generalibus Ratisbonæ comitiis ipsi per nos adesse non possimus
propter intervenientia identidem in administrandis nostris stati-
bus negotia : Interim dùm solemniorem adornamus legationem.
Te cujus nobis imprimis perspecta est diligentia, industria, inte-
gritas ac fides committendum delegandumque consuimus sicut
et presentium vi ac tenore committimus delegamusque, qui
nostro nomine ac mandato, tum liberi ducatus Lotharingiæ, tum
Mussipontani, Nomenionsis et Attonis Castri Marchionatuum
cæterarumque ditionum ratione dicto libero nostro ducatu annexa-
rum, quas sub alto sacræ Cæsareæ Majestatis et Imperii apice
obtinemus, et agnoscimus predictis Comitiis tanquàm vice legatus
et procurator noster generalis specialisque ac negotiorum gestor
interesse possis, ac debeas locum ac sessionem prorogativis digni-
tatibusque nostris congruum capere, apud præfatam Cæsaream
Majestatem aliosque principes et status rerum nostrarum procu-
rationem agere, cum plená et omnimodo consultandi, delibe-
randi , votum suffragiumque ferendi , statuendi, decernen-
dique : Item unum aut plures prout res exegent ejusdem
nominis ac tituli procuratoris substituendi et si opus fuerit
revocandi potestate; quibus in rebus, quidquid eo nomine con-
senseris, egeris, gisserisque aliusque aut alii et hac in parte sub-
stituti conjonctim aut separatim tecum vel inter se consenserint,
egerint, atque gesserint nos ratihabituros sub omnium honorum
bonorum nostrorum obligatione, promittimus, eique promisso
nos facturos satis, boná fide ac verbo principis astringimus, In
quorum fidem has litteras manu nostrá subscripsimus, subscripsi
ab uno a secretis nostris curavimus, et majori ducatus nostri
sigillo muniri precepimus.

Nancei vigesimo secundo novembris, anni millesimi sexente-
simi sexagesimi tertii.

*(Registre des lettres patentes, 1622-1668, f° 119, B. 94.
Archives de la Meurthe).*

*Nous croyons devoir faire suivre le texte latin de la procuration,
de la traduction que nous avons faite de ce document ; nous nous
sommes attaché surtout à rendre exactement la pensée du prince :*

Charles par la grâce de Dieu, duc de Lorraine, marquis de
Calabre, de Bar, etc.

A notre cher et fidèle Charles de Bouzey, seigneur de Lon-
derbach, Champ-Janon et gouverneur du comté de Saarwerden,
salut.

A cause de notre perpétuel respect et fidélité envers le Saint-
Empire et ceux de nos ancêtres les ducs de Lorraine, nous
devons nous efforcer de défendre son intégrité et son honneur
et autant que la justice et la raison l'exigent d'un souverain libre
et indépendant, duc et prince de l'Empire, d'accroître même sa
grandeur, comme nous y avons pourvu jusqu'ici partout dans
les occasions qui se sont présentées, et au prix des plus grands
sacrifices d'argent. Ces devoirs s'imposent davantage à nous au
milieu des besoins très pressants de l'époque actuelle où l'ennemi
le plus acharné des intérêts de la république chrétienne foule et
ravage les provinces de l'Empire par une guerre barbare.

Quoique la diète de Ratisbonne soit ouverte depuis longtemps
déjà, nous ne pouvons pas, à cause des empêchements résultant
fréquemment des affaires de l'administration de nos Etats, assister
aux séances jusqu'à la clôture. En attendant que nous envoyions
une députation entourée d'une plus grande solennité, de même
que nous vous avons déjà, connaissant surtout votre diligence,
votre habitude des affaires, votre intégrité et votre dévouement,
commis et délégué dans de nombreuses circonstances, de même
nous vous commettons et déléguons par l'autorité et la teneur
des présentes, pour, en notre nom et par l'ordre du duché libre
et indépendant de Lorraine, des marquisats de Pont-à-Mousson,
Nommeny et Hatton-Chastel et des autres possessions réunies à
notre duché dit avec raison libre et indépendant, possessions que
nous détenons sous la haute protection de l'Empire et de la
sacrée Majesté de l'Empereur. Nous reconnaissons que vous

pouvez, à la diète dont il s'agit, remplir les fonctions de notre député, de fondé de procuration générale et spéciale et de mandataire. Vous devez aussi occuper le rang et la position qui conviennent à nos prérogatives et dignités, défendre nos intérêts devant Sa Majesté l'Empereur, les autres princes et députés, avec le pouvoir le plus absolu au fond et le plus large dans son exercice de consulter, délibérer, déposer un vote, donner un suffrage, statuer et décider, et aussi de substituer, comme de révoquer, si besoin était, un ou plusieurs personnages selon que les affaires le demanderont, dans cette dénomination et ce titre de député. Tout ce que, dans cette mission, vous aurez, à ce titre, accordé, demandé et fait, tout ce qu'un autre ou plusieurs autres que vous aurez substitués pour certaines choses, auront consenti, demandé et fait ensemble ou séparément avec vous ou entre eux, nous faisons la promesse, en y engageant tous nos biens, de l'approuver, et nous nous soumettons de bonne foi et avec notre parole de prince de l'exécuter.

En foi de quoi nous avons de notre propre main signé ces lettres. Nous avons donné l'ordre à un de nos secrétaires d'y apposer sa signature et voulu qu'elles fussent aussi revêtues du grand cachet de notre duché.

Nancy, 22 novembre, année 1663.

INSTRUCTION POUR LE S^R DE BOUZEY

ENVOYÉ PAR S. A. A LA DIÈTE DE RATISBONNE

Premièrement il prendra audience de Monsieur l'archevêque de Salzbourg, président et commissaire principal de Sa Majesté impériale en sa diète, lui présentera les lettres de Son Altesse Sérénissime et les accompagnera d'un compliment conforme à leur teneur, y ajoutant que la dite Altesse commençant à peine à respirer de ses longues souffrances et n'étant pas encore en état de se produire par une ambassade proportionnelle à la dignité d'un prince libre et l'un des plus nobles et des plus anciens membres de l'Empire, elle a cependant envoyé par avance ledit s^r de Bouzey afin de ne différer plus longtemps les témoignages et les effets de son zèle au service de la sacrée Majesté de l'Empereur, à la conservation de l'Empire et à la défense de toute la république chrétienne attaquée par l'ennemi commun.

Il s'adressera aux directeurs, particulièrement à celui de Mayence, qui a charge de justifier, admettre et recevoir les députés et reconnaître leur pouvoir, lui faire voir la procuration, et ensuite demandera séance, tant à raison du duché de Lorraine que des Marquisats de Pont-à-Mousson, de Nommeny et de Hatton-Chastel, et sur les difficultés qu'on pourra lui faire touchant la séance dûe à cause du duché de Lorraine, il demandera du temps pour rendre compte à S. A. afin de savoir ses intentions à cet égard, et prendra séance à cause desdits Marquisats, après avoir demandé acte de non prendre un rang qui appartient à S. A. à raison de son duché de Lorraine reconnu libre et souverain membre de l'Empire par la transaction de Nuremberg le....

Touchant Hombourg et Landstoul S. A. S^{me} est prête de les remettre moyennant la satisfaction qui lui a été accordée par l'Empire et le remboursement des frais par elle supportés depuis longtemps pour la subsistance des garnisons qu'elle y tient, non à autre dessein que de les conserver sous l'autorité de l'Empire, étant certain que les garnisons lorraines ne doivent point passer dans l'Empire pour étrangers, quoi que veuillent dire les propriétaires et qu'on ne doit pas concevoir la moindre défiance de leur fidélité après avoir maintenu et conservé si longtemps les dites places au milieu d'une infinité d'ennemis.

Quant au comté de Saarwerden c'est une affaire dite et terminée par sentence définitive de la Cour impériale de Spire, et si les parties prétendent d'y renier encore quelque chose, cela se doit faire par les voies de la justice qui ne peuvent être que très avantageuses pour S. A. quand ce ne serait que pour procéder à la taxe et liquidation des fruits perçus indûment, par Messieurs les comtes de Nassau, pendant le cours d'un siècle quasi tout entier, depuis la contestation de la cause jusqu'à sa définition, et des dépens dommages et intérêts en résultant, lesquelles prétentions excèdent sans doute la valeur du dit comté.

(Extrait du même registre, f° 120.)

AUTRE INSTRUCTION

POUR LE DIT S^r DE BOUZEY

A l'égard du premier titre on lui pourra faire deux objections, l'une que les ducs de Lorraine ayant cessé depuis longues années d'assister en personne ou par députés aux diètes impériales, ils semblent avoir renoncé au droit : l'autre qu'ayant été déclarés par la transaction de Nuremberg princes libres et souverains indépendants, il semble pareillement que cette prérogative les ait séparés et détachés du corps de l'Empire.

A la première il pourra répondre que les princes de l'Empire ont le droit d'assister aux diètes impériales lorsqu'ils le veulent faire, comme l'Empereur de les y appeler et de les contraindre à déférer en tant qu'à eux touche, aux résultats des dites diètes, quand même ils n'y auraient pas été présents. Partant ni l'omission que les princes pourraient faire d'y assister, ou l'Empire de les y semondre ne peut en manière quelconque préjudicier au droit . . . . de l'un ni des autres, et quand bien ce serait aux princes purement un droit, et un avantage et non pas une obligation, il est certain que la seule cessation de l'acte ne détruit pas l'habitude. En tous cas bien que les ducs de Lorraine n'aient pas toujours assisté aux délibérations et conclusions des diètes impériales, ils ont toujours contribué à leur exécution spécialement la dite Altesse Ser^{me} qui, depuis la première guerre de Bohême jusqu'à la paix de Munster, n'a cessé d'y employer sa personne, ses moyens et ses sujets.

A la seconde il répondra que tant s'en faut que les prérogatives de libre et souverain accordés aux ducs de Lorraine par la transaction de Nuremberg les séparent du corps de l'Empire, qu'au contraire elles les y attachent plus étroitement par la concession d'une nouvelle dignité ainsi que plusieurs autres princes jouissant du même privilège, tels que le roi de Bohême, le duc de Brabant, marquis d'Anvers, et comte de Bourgogne. Autrement cet accroissement d'honneur et de prééminence étant donné en considération des services rendus à l'Empire, comme il est porté expressément par la dite transaction de Nuremberg à l'égard des ducs de Lorraine, il faudrait dire par une énorme absurdité que cette récompense serait une peine et ce bienfait une injure, si ceux qui en sont honorés étaient exclus par ce moyen de la participation et de la communauté des droits de l'Empire.

Mais ce qui est aussi directement porté dans la dite transaction que les ducs de Lorraine demeureront sous la protection et sauvegarde perpétuelle de l'Empire, comme tous les autres ducs et princes qui le composent, retranche toute sorte de difficulté à cet égard, et plus encore la cotisation des deux tiers de la taxe d'un électeur, la contribution du Lanfrid et la subvention pour les appointements des officiers de la cour de Spire, à quoi ils ont toujours satisfait jusqu'à ce que le malheur des temps n'a pas moins ôté à l'Empire les moyens de recevoir ses redevances; qu'à la Lorraine de les acquitter, comme elle offre de le faire dans les occasions présentes.

Cela supposé, il serait injuste que l'Empire prétendît des secours si considérables de la Lorraine, s'il ne la reconnaissait pour l'un de ses principaux et plus anciens membres et s'il ne lui laissait le droit de délibérer de l'usage auquel ils doivent être employés.

Mais quand la Lorraine n'aurait jamais eu de part en la communauté de l'Empire, il lui serait toujours avantageux de l'y recevoir et toutes autres provinces voisines et non suspectes, puisque leur accès lui serait un accroissement de sa grandeur et de ses fonds qui ne consistent qu'en l'alliage de plusieurs Etats et principautés unies sous un chef et dans de mêmes intérêts.

La plus grande difficulté et qui sans doute a diverti les ducs de Lorraine d'assister aux diètes, consiste au rang de prééminence qu'ils y ont justement prétendu de tout temps à cause de leur ancienneté, comme aussi à raison de leur qualité de princes libres et indépendants depuis qu'elle leur est acquise. L'une et l'autre de ces prérogatives méritent au moins le même rang que prétendent les ducs de Savoie... Néanmoins pour éviter les nouveautés et les jalousies, on se pourra contenter de l'alternative avec l'Autriche, Salzbourg et Bourgogne, et en cas que l'on offre un moindre rang, prendre acte de cette offre et en remettre l'acceptation aux ordres particuliers de S. A. S. ce qu'attendant ledit s^r de Bouzey pourra prendre séance pour les marchisats de Pont-à-Mousson, l'une des plus anciennes principautés de l'Empire, Nommeny et Hatton-Chastel. Que si une seule personne ne peut remplir toutes ces séances, il prendra la plus honorable et laissera les autres au docteur Guyot, et quelque autre qu'il trouvera par delà, avec lesquels il traitera pour leur honoraire.

Encore que la commission porte un pouvoir de traiter avec ceux qui auraient quelque prétention contre S. A. S^me ledit sieur Bouzey n'admettra rien sans son ordre expres. A Nancy, le 23e novembre mil six cent soixante-trois.

(Extrait du même registre, f° 121.)

ÉPITAPHE DE NICOLAS GUYOT

AVEC LA NOTE RÉDIGÉE PAR JADELOT

« *Cum hoc nepote Joanne Hordalio, Decanus alternis annis fuerat Guyot, cujus epitaphium referendum est ad annum 1682. Sepultus est cum Camerario in parochio Sancti Laurentii.* »

D . O . M .

Hic jacet vir nuper clarissimus Nicolaïus Guyot
In hac mussipontanâ Universitate
Antecessor facultatisque jurium Decanus,
in actu Dum obiit in secretioribus consiliis
Serenissimi Bavariæ Ducis Ferdinandi
Mariæ amplissimo senatoris munere summa
Cum integritate perdecennium defunctus vir
Pacificus aulici cultus fastidio splendidum
quidem at certe periculosum vitæ genus
spontè respuit ac ab omni luxu et aulicorum
bilingui consortio dissitus, Deo propior
placidiusque in patriâ viveret in quam reversus

minori ut pater sed ad salutem tutiori antecessoris
munere in hac academia et paulo post juridicæ
facultatis Decanatus, his meritis debito
Serenissimo Lotharingiæ Duce Carolo 4°
piæ memoriæ insignitus est ; qui princeps
hominis integerrimi fidem prudentiamque
Sæpius expertus eum ad imperialia Ratisbonæ
Comitia legavit qui suas partes ibi tueretur ;
quibus prosperè peractis cœterisque muneribus
Summa cum laude præstitis o sine Academiæ
universæ luctu gravique dispendio supremum
diem prout vixerat, piè tandem explevit senex
septuagenarius. Aprili die reparatæ salutis
anno 1682 — Nunc viator et eum jam
crede felicem aut precibus redde. (1)

---

(1) Jadelot, en relevant l'épitaphe, avait évidemment commis quelques inexactitudes. M. l'abbé Hyver s'était fait un devoir de transcrire dans sa brochure le texte latin tel qu'il l'avait trouvé à la suite du manuscrit du P. Abram.

Il a eu l'obligeance de nous signaler les rectifications nécessaires pour faciliter l'intelligence de l'épitaphe.

Voici quelles elles sont :

A la onzième ligne, au lieu de *fissitus Deo*, il faut lire *dissitus, ut Deo* ;
A la troisième ligne, au lieu de *ut pater*, il faut lire *ut patet* ;
A la seizième ligne, au lieu de *serenissimo*, il faut lire *o serenissimo* ;
A la ving-deuxième ligne, au lieu de *o sine*, il faut lire *non sine :*
A la vingt-sixième ligne, au lieu de *nunc viator*, il faut lire *nunc abi viator.*

Nous donnons l'inscription tumulaire telle qu'on la voit dans l'ouvrage de M. l'abbé Hyver, *l'Eglise des Clarisses* ; nous reproduisons les lettres majuscules dont plusieurs n'ont pas leur raison d'être ; nous nous conformons à une ponctuation très défectueuse, et même à la disposition des lignes.

ACTE DE VENTE DU 6 SEPTEMBRE 1691

Sachent tous que ce jourd'hui sixième septembre mil six cent quatre-vingt et onze, après midi, à Mircourt, Sébastien Guyot bourgeois de Mircourt et Catherine Bouot sa femme, icelle de l'autorité (1) . . . . ont reconnu volontairement avoir vendu irrévocablement à Jean Husson, marchand, bourgeois de Mircourt et à Catherine Husson sa femme, présents, ... tous les immeubles à eux appartenant provenant du sieur Nicolas Guyot, vivant docteur et professeur-ès-loix en l'Université du Pont-à-Mousson, du sieur Blaise Guyot, vivant docteur-médecin, à Darnay, de Jean Guyot et autres Guyot, sis et situés ès lieux bans et finages de Blaye, Vellotte-Tatignécourt, Vallerois-aux-Saules, Darnay, Mataincourt, s'il s'en trouve et autres lieux dont ils demeurent subrogés en tous leurs droits noms, raisons et actions, soit que lesdits biens leur appartiennent comme héritiers desdits sieurs Guyot ou comme acquéreurs ou autrement sans aucune réserve, terres arables, non arables, prés, chenevières, jardins, curtille, maison et autres héritages sans exception s'il s'en trouve, en sorte que, au moyen du présent vendage, les acquéreurs posséderont tous les biens des sieurs Guyot aux lieux, bans et finages ci-dessus spécifiés à la réserve de ce qu'ils avaient acquesté de Jean-Pierre Nonet, héritier de Marguerite Nonet, sa sœur, ... par contrat . . . . . . du 25 avril 1690 . . . . et de la portion qui peut appartenir à Jean Nicolas et Antoine venant aux droits de Nicolas Guyot leur père dudit Tatignécourt, outre la portion qui a été acquestée par ledit Husson de Claude

---

(1) Dans la copie de l'acte ci-dessus, le lecteur remarquera certaines lacunes. Les énonciations absolument dénuées d'intérêt n'ont pas été transcrites ; d'autre part, l'expédition de la vente que l'auteur avait entre les mains est tachée d'encre en divers passages.

Beurlot et Marie Guyot sa femme, et Elisabeth Guyot par contrat . . . . . . du 24 août 1690, lesdits biens sans exception,
à la réserve de ceux sis à Vallerois chargés de leurs charges
anciennes et accoutumées . . . . Desquels biens tous
les titres, papiers et documents qu'ils avaient vers eux. . . . . .
pour et moyennant la somme de deux mille cinq cents francs à
eux payés avant la passation des présentes comme ils ont dit, et
de mille francs . . . .
. . . .
. . . .

En foi de quoi les présentes sont scellées du sceau du tabellio-
nage de Mircourt, sauf tous droits.

Fait et passé à . . . .
. . . .

Signé F. HENRY. (1)

« *Guyot Nicolas*, après avoir été Conseiller d'Etat du duc
Ferdinand-Marie de Bavière, et employé par Charles IV, notamment à la diète de Ratisbonne, fut pourvu d'une chaire au mois
de mai 1662, et du décanat, alternativement avec Hordal, le
3 janvier suivant; mort le 4 avril 1682. » (Voir *Dictionnaire
des Ordonnances*, par Rogéville, tome 2, v° *Université*, p. 628.)

---

(1) L'expédition de cet acte de vente est sur parchemin. La feuille porte deux timbres.

LES TREIZE DOYENS DE LA FACULTÉ DE DROIT

à l'Université de Pont-à-Mousson.

1er *Doyen*. PIERRE GRÉGOIRE. Provisions de doyen, 27 mars 1582; décédé le 20 février 1597.

2e — GUILLAUME BARCLAY. Doyen, 3 avril 1598; quitte Pont-à-Mousson en 1603.

3e — PIERRE CHARPENTIER. 9 janvier 1604; décédé le 8 juin 1611.

4e — BLAISE JACQUOT. 1er février 1624; quitte Pont-à-Mousson en janvier 1628.

5e — NICOLAS ODIN. 12 avril 1628; décédé en 1636.

6e — GEORGES DESCHAMBRES. 26 mars 1636; décédé le 22 avril 1637.

7e — NICOLAS GUYOT. 3 janvier 1663; décédé le 4 avril 1682.

8e — JEAN HORDAL III, doyen alternativement avec Nicolas Guyot. 13 février 1663; se démet le 19 octobre 1691.

9e — ANTOINE-CHARLES PILLEMENT. 18 février 1692; se démet en 1719.

10e — FRANÇOIS ROÜOT. 31 mai 1719; décédé le 5 août 1723.

11e — CLAUDE-FRANÇOIS CHARVET. 1er août 1724; décédé le 27 octobre 1745.

12e — CLAUDE-ANTOINE GUILLEMIN. Nov. 1745; se démet en 1762.

13e — PIERRE-ANTOINE DUMAS. Juin 1762; était encore en fonctions lors de la translation de la Faculté à Nancy, 3 août 1768. — Il est nommé Recteur perpétuel de l'Université.

NOTA. — Plusieurs dates données par Rogéville, dans son Dictionnaire, sont rectifiées d'après Ch. Hyver (*Eglise des Clarisses*).

SOURCES

Les Annales de l'Université de Pont-à-Mousson, manuscrit de N. Jadelot.

Chronique historique des doyens, etc., *de la Faculté de droit de l'Université de Pont-à-Mousson*.

Histoire de la réunion de la Lorraine à la France, par d'Haussonville.

Histoire d'Allemagne, par le P. Barre.

Dictionnaire des ordonnances, etc., par Rogéville.

Histoire de l'Empire d'Allemagne, par Heiss.

Histoire de l'Université de Pont-à-Mousson, manuscrit du P. Abram. (Bibliothèque de la ville de Nancy.)

Mémoires lus à la Sorbonne par Maggiolo (1863-1864-66-67).

Zeidler, *Vitæ professorum juris*, etc., à la Bibliothèque nationale.

Mœurs et Usages des étudiants de l'Université de Pont-à-Mousson, par Favier.

Histoire de Louis XIV, par Gaillardin.

Histoire de saint Vincent de Paul, par Abelly.

Les Coutumes du duché de Lorraine, par Ed. Bonvalot.

Dom Pelletier, *Nobiliaire de la Lorraine*.

Registres des mairies de Darney, Marnay, Avrigney.

Archives de la Cour d'appel de Nancy.

L'Eglise des Claristes de Pont-à-Mousson et la Sépulture des Doyens de la Faculté de droit, par l'abbé Hyver.

Le doyen Pierre Grégoire, par le même.

Digot, *Histoire de Lorraine*.

Le Département de la Meurthe, par Lepage, vᵒ *Pont-à-Mousson*.

Corps diplomatique, par Dumont, t. VI, Iʳᵉ partie.

Vie du P. Fourier, par de Besancenet.

Histoire civile et militaire de Lorraine, par Chevrier, t. IX. (Bibliothèque de Nancy.)

Histoire manuscrite de Charles IV (à la Bibliothèque natᵗᵉ), par Guillemin.

Mémoires du Marquis de Beauvau.

www.ingramcontent.com/pod-product-compliance
Ingram Content Group UK Ltd.
Pitfield, Milton Keynes, MK11 3LW, UK
UKHW022057170726
13837UKWH00002B/984